—— 全面解读民法典司法解释 ——

民法典司法解释
条文对比与解读

冯 刚◎编

中国法制出版社
CHINA LEGAL PUBLISHING HOUSE

图书在版编目（CIP）数据

民法典司法解释条文对比与解读 / 冯刚编 .—北京：中国法制出版社，2021. 1

ISBN 978 - 7 - 5216 - 1652 - 1

Ⅰ. ①民… Ⅱ. ①冯… Ⅲ. ①民法 - 法典 - 法律解释 - 中国 Ⅳ. ①D923. 05

中国版本图书馆 CIP 数据核字（2021）第 025012 号

责任编辑　王林林（wanglinlin19@ sina. cn）　　封面设计　李宁

民法典司法解释条文对比与解读

MINFADIAN SIFA JIESHI TIAOWEN DUIBI YU JIEDU

编者/冯刚

经销/新华书店

印刷/三河市紫恒印装有限公司

开本/710 毫米 ×1000 毫米　16 开　　印张/ 8. 75　字数/ 153 千

版次/2021 年 1 月第 1 版　　2021 年 1 月第 1 次印刷

中国法制出版社出版

书号 ISBN 978 - 7 - 5216 - 1652 - 1　　定价：28. 00 元

北京西单横二条 2 号

邮政编码：100031　　传真：010 - 66031119

网址：http：//www. zgfzs. com　　**编辑部电话：010 - 66067369**

市场营销部电话：010 - 66033393　　**邮购部电话：010 - 66033288**

（如有印装质量问题，请与本社印务部联系调换。电话：010 - 66032926）

序　言

2020年12月29日，最高人民法院发布了首批与《民法典》配套的七件新的司法解释，已于2021年1月1日与《民法典》同步施行。

一是关于适用《民法典》时间效力的司法解释。该解释分别从“一般规定”“溯及适用的具体规定”“衔接适用的具体规定”等方面对《民法典》适用进行具体规范，全文共28条，解释《民法典》的整体适用问题，是一部非常重要的司法解释。

二是关于适用《民法典》担保制度的司法解释。该解释分别从“一般规定”“保证合同”“担保物权”“非典型担保”等方面加以规定，全文共71条，解释《民法典》担保制度的法律适用问题，也是首批司法解释的重中之重。本书将其与《物权法》《担保法》《最高人民法院关于适用〈中华人民共和国担保法〉若干问题的解释》《全国法院民商事审判工作会议纪要》等有关担保制度的法律、司法解释、会议纪要进行对比解读。

三是关于适用《民法典》物权编的解释。该解释全文共21条，解释《民法典》物权编的法律适用问题。本书将其与《最高人民法院关于适用〈中华人民共和国物权法〉若干问题的解释（一）》进行对比解读，两者差别不大，主要是依据《民法典》作了个别调整。

四是关于审理建设工程施工合同纠纷案件适用法律问题的解释。对旧解释，即《最高人民法院关于审理建设工程施工合同纠纷案件适用法律问题的解释》《最高人民法院关于审理建设工程施工合同纠纷案件适用法律问题的解释（二）》进行了整合梳理。全文共45条，解释建设工程施工合同纠纷案件的法律适用问题。本书将其与旧解释进行对比解读，改动不是很大。

五是关于适用《民法典》婚姻家庭编的解释。对旧解释，即婚姻法司法解释（一）（二）（三）进行了整合梳理。全文共91条，解释《民法典》婚姻家庭编的法律适用问题。《民法典》对《婚姻法》的改动不少，因此本部分对于旧解释也有较多改动之处。

六是关于适用《民法典》继承编的解释，全文共45条，解释《民法典》继承编的法律适用问题。本书将其与《最高人民法院关于贯彻执行〈中华人民共和国继承法〉若干问题的意见》进行对比解读，两者之间差别不大，仅有个别改动。

七是关于审理劳动争议案件适用法律问题的解释。对旧解释，即审理劳动争议案件适用法律若干问题的解释（一）（二）（三）（四）进行了整合梳理。全文共54条，解释劳动争议案件的法律适用问题。本书将其与旧解释进行对比解读，新增内容不多，有几处对旧解释条文的合并重整。

后续最高人民法院还会出台《民法典》其他配套的司法解释，我们将实时学习，并在第一时间进行解读，以飨读者。

回顾2020年，是挑战与困难并存的一年，疫情肆虐影响着每一个人。我们见识了各种各样的事件，生活发生了翻天覆地的变化，佩戴口罩成为习惯，公众场合要保持一米以上的距离，不组织生日宴参加同学会，等等。在这段难挨的日子里，许许多多有名的、无名的英雄照亮了我们的生活，以微光点亮微光，汇聚成星海拥抱整个中国。每个人互相帮扶、努力生存，展现出中国人的坚韧力量。终到年尾，所有人都对新年团聚满怀期待，又有多地突发新增病例，各省纷纷倡导“就地过年”。防疫面前，个人的悲喜都变得微不足道，只有合力抗疫，才能换来更为长久的团圆。

过去这一年，我们多少次期待着在海边的林荫道散步，在百花盛开的春天踏青。此刻的北京冬雪未融，寒枝尤冷，南海边生机盎然，桃花盛开。这本书的出版，也正好在春节之前，这个阶段我们放慢节奏，在北海之北和南海之南，在各自安好的时空，一缕阳光，一杯香茗，一卷书香。

冯刚律师

2021年1月26日于广东惠州

目　录

《最高人民法院关于适用〈中华人民共和国民法典〉时间效力的若干规定》条文解读

《最高人民法院关于适用〈中华人民共和国民法典〉时间效力的若干规定》	解读
根据《中华人民共和国立法法》《中华人民共和国民法典》等法律规定，就人民法院在审理民事纠纷案件中有关适用民法典时间效力问题作出如下规定。	
一、一般规定	
第一条 民法典施行后的法律事实引起的民事纠纷案件，适用民法典的规定。 民法典施行前的法律事实引起的民事纠纷案件，适用当时的法律、司法解释的规定，但是法律、司法解释另有规定的除外。 民法典施行前的法律事实持续至民法典施行后，该法律事实引起的民事纠纷案件，适用民法典的规定，但是法律、司法解释另有规定的除外。	第1款体现了“法不溯及既往”原则。 第2款体现了“从旧”原则。 第3款规定了跨新旧法的法律事实，原则上适用《民法典》，但有例外。
第二条 民法典施行前的法律事实引起的民事纠纷案件，当时的法律、司法解释有规定，适用当时的法律、司法解释的规定，但是适用民法典的规定更有利于保护民事主体合法权益，更有利于维护社会和经济秩序，更有利于弘扬社会主义核心价值观的除外。	本条体现了适用《民法典》“有利”原则，是“从旧”原则的例外。
第三条 民法典施行前的法律事实引起的民事纠纷案件，当时的法律、司法解释没有规定而民法典有规定的，可以适用民法典的规定，但是明显减损当事人合法权益、增加当事人法定义务或者背离当事人合理预期的除外。	旧法没有规定的，可溯及，即可以适用《民法典》，但适用《民法典》不利于当事人的除外。
第四条 民法典施行前的法律事实引起的民事纠纷案件，当时的法律、司法解释仅有原则性规定而民法典有具体规定的，适用当时的法律、司法解释的规定，但是可以依据民法典具体规定进行裁判说理。	旧法仅有原则性规定而民法典有具体规定的，适用旧法，但可以依据《民法典》的具体规定进行裁判说理。

《最高人民法院关于适用〈中华人民共和国民法典〉时间效力的若干规定》	解读
第五条 民法典施行前已经终审的案件，当事人申请再审或者按照审判监督程序决定再审的，不适用民法典的规定。	已终审案件的再审不适用民法典。
二、溯及适用的具体规定	
第六条 《中华人民共和国民法总则》施行前，侵害英雄烈士等的姓名、肖像、名誉、荣誉，损害社会公共利益引起的民事纠纷案件，适用民法典第一百八十五条的规定。	体现有利溯及原则：侵害英雄烈士姓名、肖像、名誉、荣誉适用《民法典》。
第七条 民法典施行前，当事人在债务履行期限届满前约定债务人不履行到期债务时抵押财产或者质押财产归债权人所有的，适用民法典第四百零一条和第四百二十八条的规定。	体现有利溯及原则：流押与流质条款适用《民法典》。
第八条 民法典施行前成立的合同，适用当时的法律、司法解释的规定合同无效而适用民法典的规定合同有效的，适用民法典的相关规定。	体现有利溯及原则：合同效力适用《民法典》。
第九条 民法典施行前订立的合同，提供格式条款一方未履行提示或者说明义务，涉及格式条款效力认定的，适用民法典第四百九十六条的规定。	体现有利溯及原则：格式条款效力认定适用《民法典》。不需要申请撤销，相对方可直接主张格式条款不成为合同内容，更有利于保护相对方的权益。
第十条 民法典施行前，当事人一方未通知对方而直接以提起诉讼方式依法主张解除合同的，适用民法典第五百六十五条第二款的规定。	填补规定溯及：以诉讼方式解除合同，法院确认其主张的，合同自起诉状副本送达对方时解除，明确回应了司法实践中的争议。
第十一条 民法典施行前成立的合同，当事人一方不履行非金钱债务或者履行非金钱债务不符合约定，对方可以请求履行，但是有民法典第580条第1款第一项、第二项、第三项除外情形之一，致使不能实现合同目的，当事人请求终止合同权利义务关系的，适用民法典第五百八十条第二款的规定。	填补规定溯及：《民法典》施行前，有《民法典》第580条第1款所列三种除外情形之一，致使不能实现合同目的的，人民法院或仲裁机构可以根据当事人的请求终止合同权利义务关系。

《最高人民法院关于适用〈中华人民共和国民法典〉时间效力的若干规定》	解读
第十二条 民法典施行前订立的保理合同发生争议的，适用民法典第三编第十六章的规定。	填补规定溯及：保理合同适用《民法典》。
第十三条 民法典施行前，继承人有民法典第一千一百二十五条第一款第四项和第五项规定行为之一，对该继承人是否丧失继承权发生争议的，适用民法典第一千一百二十五条第一款和第二款的规定。 民法典施行前，受遗赠人有民法典第一千一百二十五条第一款规定行为之一，对受遗赠人是否丧失受遗赠权发生争议的，适用民法典第一千一百二十五条第一款和第三款的规定。	填补规定溯及：丧失继承权与宽恕继承适用《民法典》。
第十四条 被继承人在民法典施行前死亡，遗产无人继承又无人受遗赠，其兄弟姐妹的子女请求代位继承的，适用民法典第一千一百二十八条第二款和第三款的规定，但是遗产已经在民法典施行前处理完毕的除外。	填补规定溯及：兄弟姐妹的子女代位继承适用《民法典》。
第十五条 民法典施行前，遗嘱人以打印方式立的遗嘱，当事人对该遗嘱效力发生争议的，适用民法典第一千一百三十六条的规定，但是遗产已经在民法典施行前处理完毕的除外。	填补规定溯及：打印遗嘱效力适用《民法典》。
第十六条 民法典施行前，受害人自愿参加具有一定风险的文体活动受到损害引起的民事纠纷案件，适用民法典第一千一百七十六条的规定。	填补规定溯及：自甘风险适用《民法典》。
第十七条 民法典施行前，受害人为保护自己合法权益采取扣留侵权人的财物等措施引起的民事纠纷案件，适用民法典第一千一百七十七条的规定。	填补规定溯及：自助行为适用《民法典》。
第十八条 民法典施行前，因非营运机动车发生交通事故造成无偿搭乘人损害引起的民事纠纷案件，适用民法典第一千二百一十七条的规定。	填补规定溯及：无偿搭乘适用《民法典》。
第十九条 民法典施行前，从建筑物中抛掷物品或者从建筑物上坠落的物品造成他人损害引起的民事纠纷案件，适用民法典第一千二百五十四条的规定。	体现有利溯及原则：高空抛物适用《民法典》。

《最高人民法院关于适用〈中华人民共和国民法典〉时间效力的若干规定》	解读
三、衔接适用的具体规定	
第二十条 民法典施行前成立的合同，依照法律规定或者当事人约定该合同的履行持续至民法典施行后，因民法典施行前履行合同发生争议的，适用当时的法律、司法解释的规定；因民法典施行后履行合同发生争议的，适用民法典第三编第四章和第五章的相关规定。	持续性法律事实，按照合同发生争议的时间确定适用新法或者旧法。
第二十一条 民法典施行前租赁期限届满，当事人主张适用民法典第七百三十四条第二款规定的，人民法院不予支持；租赁期限在民法典施行后届满，当事人主张适用民法典第七百三十四条第二款规定的，人民法院依法予以支持。	持续性法律事实，租赁期限在《民法典》施行后届满的，以跨法从新为原则，适用《民法典》有关优先承租权的规定；租赁期限在《民法典》施行前届满的不适用《民法典》。
第二十二条 民法典施行前，经人民法院判决不准离婚后，双方又分居满一年，一方再次提起离婚诉讼的，适用民法典第一千零七十九条第五款的规定。	断续发生的法律事实，以法律事实最后发生的时间作为适用法律的依据。本条中为再次提起离婚诉讼的时间。
第二十三条 被继承人在民法典施行前立有公证遗嘱，民法典施行后又立有新遗嘱，其死亡后，因该数份遗嘱内容相抵触发生争议的，适用民法典第一千一百四十二条第三款的规定。	断续发生的法律事实，以法律事实最后发生的时间作为适用法律的依据。本条中为最后一份遗嘱订立的时间。
第二十四条 侵权行为发生在民法典施行前，但是损害后果出现在民法典施行后的民事纠纷案件，适用民法典的规定。	断续发生的法律事实，以法律事实最后发生的时间作为适用法律的依据。本条中为损害后果出现的时间。
第二十五条 民法典施行前成立的合同，当时的法律、司法解释没有规定且当事人没有约定解除权行使期限，对方当事人也未催告的，解除权人在民法典施行前知道或者应当知道解除事由，自民法典施行之日起一年内不行使的，人民法院应当依法认定该解除权消灭；解除权人在民法典施行后知道或者应当知道解除事由的，适用民法典第五百六十四条第二款关于解除权行使期限的规定。	《民法典》施行前成立的合同，当时法律与司法解释没有规定且当事人没有约定解除权行使期限，对方当事人也未催告，则：(1) 解除权人在《民法典》施行前知道或者应当知道解除事由，自《民法典》施行之日起一年内不行使的，解除权消灭；(2) 解除权人在《民法典》施

《最高人民法院关于适用〈中华人民共和国民法典〉时间效力的若干规定》	解读
	行后知道或者应当知道解除事由的，自知道或者应当知道解除事由之日起一年内不行使，或者经对方催告后在合理期限内不行使的，解除权消灭。
第二十六条 当事人以民法典施行前受胁迫结婚为由请求人民法院撤销婚姻的，撤销权的行使期限适用民法典第一千零五十二条第二款的规定。	以民法典施行前受胁迫结婚为由，请求撤销婚姻的，撤销权的行使期限，应当自胁迫行为终止之日起一年内提出。
第二十七条 民法典施行前成立的保证合同，当事人对保证期间约定不明确，主债务履行期限届满至民法典施行之日不满二年，当事人主张保证期间为主债务履行期限届满之日起二年的，人民法院依法予以支持；当事人对保证期间没有约定，主债务履行期限届满至民法典施行之日不满六个月，当事人主张保证期间为主债务履行期限届满之日起六个月的，人民法院依法予以支持。	民法典施行前成立的保证合同，保证期间跨新旧法的处理： (1) 当事人对保证期间约定不明确，主债务履行期限届满至民法典施行之日不满二年，当事人主张为主债务履行期限届满之日起二年的，支持。 (2) 当事人对保证期间没有约定，主债务履行期限届满至民法典施行之日不满六个月，当事人主张保证期间为主债务履行期限届满之日起六个月的，支持。
四、附则	
第二十八条 本规定自2021年1月1日起施行。 本规定施行后，人民法院尚未审结的一审、二审案件适用本规定。	施行时间与民法典施行时间一致。 未审结的一审、二审案件适用本规定。

《最高人民法院关于适用〈中华人民共和国民法典〉有关担保制度的解释》条文对比与解读[①]

担保相关规定	《担保制度司法解释》	解读
	为正确适用《中华人民共和国民法典》有关担保制度的规定，结合民事审判实践，制定本解释。	
	一、关于一般规定	
《担保法》 第二条　在借贷、买卖、货物运输、加工承揽等经济活动中，债权人需要以担保方式保障其债权实现的，可以依照本法规定设定担保。	第一条　因抵押、质押、留置、保证等担保发生的纠纷，适用本解释。所有权保留买卖、融资租赁、保理等涉及担保功能发生的纠纷，适用本解释的有关规定。	《担保制度司法解释》明确了所有权保留、融资租赁、保理属于具有担保功能的合同。 与《担保法》及《担保法解释》相比，《担保制度司法解释》首次明确了

① 1.《最高人民法院关于适用〈中华人民共和国民法典〉有关担保制度的解释》（以下简称《担保制度司法解释》）已于2020年12月25日由最高人民法院审判委员会第1824次会议通过，自2021年1月1日起施行。

2.《担保法》由第八届全国人民代表大会常务委员会第十四次会议于1995年6月30日通过，自1995年10月1日起施行，已经被废止。

3.《全国法院民商事审判工作会议纪要》（以下简称《九民纪要》）于2019年9月11日经最高人民法院审判委员会民事行政专业委员会第319次会议原则通过。该纪要不是司法解释，不能作为裁判依据进行援引。

4.《全国法院审理债券纠纷案件座谈会纪要》是最高人民法院商国家发展和改革委员会、中国人民银行、中国证监会同意后制定，于2020年7月15日公布。

5.《最高人民法院关于适用〈中华人民共和国担保法〉若干问题的解释》（以下简称《担保法司法解释》）于2000年9月29日由最高人民法院审判委员会第1133次会议通过，已经被废止。

6.《物权法》由第十届全国人民代表大会第五次会议于2007年3月16日通过，自2007年10月1日起施行，已经被废止。

——编者注

担保相关规定	《担保制度司法解释》	解读
本法规定的担保方式为保证、抵押、质押、留置和定金。		所有权保留买卖、融资租赁、保理等涉及担保功能发生的纠纷，可适用《担保制度司法解释》的相关规定，显然扩张了其适用范围。
《九民纪要》 54. 从属性是担保的基本属性，但由银行或者非银行金融机构开立的独立保函除外。独立保函纠纷案件依据《最高人民法院关于审理独立保函纠纷案件若干问题的规定》处理。需要进一步明确的是：**凡是由银行或者非银行金融机构开立的符合该司法解释第1条、第3条规定情形的保函，无论是用于国际商事交易还是用于国内商事交易，均不影响保函的效力。银行或者非银行金融机构之外的当事人开立的独立保函，以及当事人有关排除担保从属性的约定，应当认定无效。**但是，根据“无效法律行为的转换”原理，在否定其独立担保效力的同时，应当将其认定为从属性担保。此时，如果**主合同有效，则担保合同有效，担保人与主债务人承担连带保证责任。主合同无效，则该所谓的独立担保也随之无效，担保人无过错的，不承担责任；**	**第二条　当事人在担保合同中约定担保合同的效力独立于主合同，或者约定担保人对主合同无效的法律后果承担担保责任，该有关担保独立性的约定无效。主合同有效的，有关担保独立性的约定无效不影响担保合同的效力；主合同无效的，人民法院应当认定担保合同无效，但是法律另有规定的除外。** 因金融机构开立的独立保函发生的纠纷，适用《最高人民法院关于审理独立保函纠纷案件若干问题的规定》。	《民法典》《九民纪要》《物权法》都强调从属性是担保合同的基本属性。担保合同从属性包括发生的从属性、效力的从属性、范围和强度的从属性、处分的从属性、消灭的从属性五个方面。《担保制度司法解释》对担保合同的效力的特别规定： (1) 特别指出了担保合同中约定担保独立性的条款无效，但不影响担保合同的效力； (2) 进一步明确了金融机构开立独立保函发生的纠纷适用《最高人民法院关于审理独立保函纠纷案件若干问题的规定》； (3) 非适格主体出具独立保函仍需承担普通担保责任。

担保相关规定	《担保制度司法解释》	解读
担保人有过错的，其承担民事责任的部分，不应超过债务人不能清偿部分的三分之一。 《担保法》 **第五条第一款** 担保合同是主合同的从合同，主合同无效，担保合同无效。担保合同另有约定的，按照约定。		
《担保法司法解释》 **第四十三条** 保证人自行履行保证责任时，其实际清偿额大于主债权范围的，**保证人只能在主债权范围内对债务人行使追偿权。** 《九民纪要》 55. **担保人承担的担保责任范围不应当大于主债务**，是担保从属性的必然要求。当事人约定的担保责任的范围大于主债务的，如针对担保责任约定专门的违约责任、担保责任的数额高于主债务、担保责任约定的利息高于主债务利息、担保责任的履行期先于主债务履行期届满，等等，**均应当认定大于主债务部分的约定无效**，从而使担保责任缩减至主债务的范围。	**第三条 当事人对担保责任的承担约定专门的违约责任，或者约定的担保责任范围超出债务人应当承担的责任范围，担保人主张仅在债务人应当承担的责任范围内承担责任的，人民法院应予支持。** **担保人承担的责任超出债务人应当承担的责任范围，担保人向债务人追偿，债务人主张仅在其应当承担的责任范围内承担责任的，人民法院应予支持；担保人请求债权人返还超出部分的，人民法院依法予以支持。**	对担保合同的范围和强度上的从属性的强化：《担保制度司法解释》吸收了《担保法解释》第43条、《九民纪要》第55条的规定，进一步明确了当担保责任超过债务人的责任范围，应作如下处理： (1) 当事人对担保责任的承担约定专门的违约责任或约定的担保责任范围超过债务人责任范围时，担保人仅在债务人责任范围内承担责任； (2) 担保人承担的责任超出债务人责任范围的，债务人仅在其责任范围内对担保人承担责任； (3) 担保人承担的责任超出债务人责任范围的，担保人可以请求债权人返还超出部分。本条将担保责任限缩至债务人应当承担的责任范围，是担保从属性的必然要求。担保责任的范围也

担保相关规定	《担保制度司法解释》	解读
		是担保人向债务人追偿的范围；债权人对于超出债务范围的部分，不享有法律上的利益，属于不当得利，担保人可以主张返还。
《全国法院审理债券纠纷案件座谈会纪要》 18. 登记在受托管理人名下的担保物权行使。根据《最高人民法院关于〈国土资源部办公厅关于征求为公司债券持有人办理国有土地使用权抵押登记意见函〉的答复》精神，为债券设定的担保物权可登记在受托管理人名下，受托管理人根据民事诉讼法第一百九十六条、第一百九十七条的规定或者通过普通程序主张担保物权的，人民法院应当予以支持，但应在裁判文书主文中明确由此所得权益归属于全体债券持有人。受托管理人仅代表部分债券持有人提起诉讼的，人民法院还应当根据其所代表的债券持有人份额占当期发行债券的比例明确其相应的份额。	**第四条** 有下列情形之一，当事人将担保物权登记在他人名下，债务人不履行到期债务或者发生当事人约定的实现担保物权的情形，债权人或者其受托人主张就该财产优先受偿的，人民法院依法予以支持： （一）为债券持有人提供的担保物权登记在债券受托管理人名下； （二）为委托贷款人提供的担保物权登记在受托人名下； （三）担保人知道债权人与他人之间存在委托关系的其他情形。	本条是委托登记的情形。实践中，确实存在因为登记机关的原因，无法将担保物权登记在真正的权利人名下，例如证券公司设立的资管计划，或者商业银行的委托贷款、信托公司的信托贷款。在此情况下，应当允许真正的权利人在符合约定或者规定的情况下，直接主张担保物权。
《担保法》 **第八条** 国家机关不得为保证人，但经国务院批准为使用外国政府或者国际经济组织贷款进行转贷的除外。	**第五条** 机关法人提供担保的，人民法院应当认定担保合同无效，但是经国务院批准为使用外国政府或者国际经济组织贷款进行转贷的除外。	本条第 1 款是对《民法典》第 683 条规定的再次明确，该条属于效力性强制规定，违反该规定，合同无效。 本条第 2 款中规定的居民

担保相关规定	《担保制度司法解释》	解读
《担保法司法解释》 **第三条** 国家机关和**以公益为目的的事业单位、社会团体**违反法律规定提供担保的，担保合同无效。因此给债权人造成损失的，应当根据担保法第五条第二款的规定处理。	**居民委员会、村民委员会提供担保的，人民法院应当认定担保合同无效，但是依法代行村集体经济组织职能的村民委员会，依照村民委员会组织法规定的讨论决定程序对外提供担保的除外。**	委员会、村民委员会是以公益为目的的基层群众自治性组织，一般不得对外提供担保。但是考虑到确实有村民委员会具有管理集体经济组织的职能，在符合程序的情况下，可以对外提供担保，但是如果没有履行法定程序的，担保无效。
《担保法》 **第九条** 学校、幼儿园、**医院**等以公益为目的的事业单位、社会团体不得为保证人。 《担保法司法解释》 **第五十三条** 学校、幼儿园、**医院**等以公益为目的的事业单位、社会团体，以其教育设施、医疗卫生设施和其他**社会**公益设施以外的**财产**为自身债务设定抵押的，人民法院可以认定抵押有效。	**第六条** 以公益为目的的**非营利性**学校、幼儿园、**医疗机构、养老机构**等提供担保的，人民法院应当认定担保合同无效，但是有下列情形之一的除外： **（一）在购入或者以融资租赁方式承租教育设施、医疗卫生设施、养老服务设施和其他公益设施时，出卖人、出租人为担保价款或者租金实现而在该公益设施上保留所有权；** （二）以教育设施、医疗卫生设施、**养老服务设施**和其他公益设施以外的**不动产、动产或者财产权利**设立担保物权。 **登记为营利法人的学校、幼儿园、医疗机构、养老机构等提供担保，当事人以其不具有担保资格为由主张担保合同无效的，人民法院不予支持。**	《民法典》第399条沿用《物权法》规定，“学校、幼儿园、医疗机构等为公益目的成立的非营利法人的教育设施、医疗卫生设施和其他公益设施”不得抵押。但是，需要注意的是： (1) 必须是非营利性机构。伴随着私立医院、幼儿园、养老机构等的出现，这类主体属于营利性机构，与一般民事主体无异，法规不禁止其抵押。 (2) 限于非营利性机构的公益设施，超出公益设施范围的则不禁止。 (3) 非营利性机构应该对这类公益设施拥有所有权。对于通过所有权保留买卖方式购入或融资租赁方式承租的公益设施，不在禁止之列，以避免限制暂不具备足够支付能力的非营利性机构取得设施。

担保相关规定	《担保制度司法解释》	解读
《担保法司法解释》 **第四条　董事、经理**违反**《中华人民共和国公司法》第六十条的规定，以公司资产为本公司的股东或者其他个人债务提供担保的，**担保合同无效。**除债权人知道或者应当知道的外，债务人、担保人应当对债权人的损失承担连带赔偿责任。** **第十一条**　法人或者其他组织的法定代表人、**负责人**超越权限订立的担保合同，除相对人知道或者应当知道其超越权限的以外，该代表行为有效。 **《九民纪要》** 17. 为防止法定代表人随意代表公司为他人提供担保给公司造成损失，损害中小股东利益，《公司法》第16条对法定代表人的代表权进行了限制。根据该条规定，担保行为不是法定代表人所能单独决定的事项，而必须以公司股东（大）会、董事会等公司机关的决议作为授权的基础和来源。法定代表人未经授权擅自为他人提供担保的，构成越权代表，人民法院应当根据《合同法》第50条关于法定代表人越权代表的规定，区分订立合同时债权人是否善意分别认定合同效力：债权人善意的，合同有效；反之，合同无效。	**第七条**　公司的**法定代表人**违反**公司法关于公司对外担保决议程序的规定，超越权限代表公司与相对人订立担保合同，**人民法院应当依照民法典第六十一条和第五百零四条等规定处理： **（一）相对人善意的，担保合同对公司发生效力；相对人请求公司承担担保责任的，人民法院应予支持。** **（二）相对人非善意的，担保合同对公司不发生效力；相对人请求公司承担赔偿责任的，参照适用本解释第十七条的有关规定。** **法定代表人超越权限提供担保造成公司损失，公司请求法定代表人承担赔偿责任的，人民法院应予支持。** **第一款所称善意，是指相对人在订立担保合同时不知道且不应当知道法定代表人超越权限。相对人有证据证明已对公司决议进行了合理审查，人民法院应当认定其构成善意，但是公司有证据证明相对人知道或者应当知道决议系伪造、变造的除外。**	《公司法》对公司对外担保的程序作出了规定。在公司的法定代表人越权担保情况下，为了平衡相对人和公司的利益，《九民纪要》区分相对人是否善意，来判断合同效力，并对善意进行了界定，阐明了越权担保的民事责任和权利救济。本条对《九民纪要》进行了转化： (1) 法定代表人代表公司对外提供担保须以公司机关的决议（《公司法》第16条）作为其权利的基础和来源。法定代表人未经授权，则构成越权代表，此时应区分缔约时相对人是否善意来认定越权代表行为的效力。 (2) 强调相对人负有形式审查义务，并通过考察相对人是否履行了形式审查义务进而认定其是否构成善意。实践中，履行形式审查义务的基本表现为相对人已在订立担保合同时对公司同意提供担保的董事会决议或股东会决议进行形式审查。相对人有证据证明已对公司决议进行合理审查的，法院应当认定其构成善意，除非公司有证据证明债权人明知决议是伪造或变造的。

担保相关规定	《担保制度司法解释》	解读
18. 前条所称的善意，是指债权人不知道或者不应当知道法定代表人超越权限订立担保合同。《公司法》第16条对关联担保和非关联担保的决议机关作出了区别规定，相应地，在善意的判断标准上也应当有所区别。一种情形是，为公司股东或者实际控制人提供关联担保，《公司法》第16条明确规定必须由股东（大）会决议，未经股东（大）会决议，构成越权代表。在此情况下，债权人主张担保合同有效，应当提供证据证明其在订立合同时对股东（大）会决议进行了审查，决议的表决程序符合《公司法》第16条的规定，即在排除被担保股东表决权的情况下，该项表决由出席会议的其他股东所持表决权的过半数通过，签字人员也符合公司章程的规定。另一种情形是，公司为公司股东或者实际控制人以外的人提供非关联担保，根据《公司法》第16条的规定，此时由公司章程规定是由董事会决议还是股东（大）会决议。无论章程是否对决议机关作出规定，也无论章程规定决议机关为董事会还是股东（大）会，根据《民法总则》第61条第3款关于“法人章程		

担保相关规定	《担保制度司法解释》	解读
或者法人权力机构对法定代表人代表权的限制，不得对抗善意相对人”的规定，只要债权人能够证明其在订立担保合同时对董事会决议或者股东（大）会决议进行了审查，同意决议的人数及签字人员符合公司章程的规定，就应当认定其构成善意，但公司能够证明债权人明知公司章程对决议机关有明确规定的除外。 债权人对公司机关决议内容的审查一般限于形式审查，只要求尽到必要的注意义务即可，标准不宜太过严苛。公司以机关决议系法定代表人伪造或者变造、决议程序违法、签章(名)不实、担保金额超过法定限额等事由抗辩债权人非善意的，人民法院一般不予支持。但是，公司有证据证明债权人明知决议系伪造或者变造的除外。		
《九民纪要》 19. 存在下列情形的，即便债权人知道或者应当知道没有公司机关决议，也应当认定担保合同符合公司的真实意思表示，合同有效： （1）公司是**以为他人提供担保为主营业务的**担保公司，或者是**开展保函**	**第八条** 有下列情形之一，公司以其未依照公司法关于公司对外担保的规定作出决议为由主张不承担担保责任的，人民法院不予支持： （一）金融机构开立保函或者担保公司提供担保； （二）公司为其**全资子**	本条列明了相对人豁免审查决议的情形。将豁免审查决议的情形缩减为三种：金融机构开立保函或担保公司提供担保、公司为其全资子公司开展经营活动提供担保、担保合同系由单独或者共同持有公司三分之二以上对外担保事项

担保相关规定	《担保制度司法解释》	解读
业务的银行或者非银行金融机构； (2) 公司为其**直接或者间接控制的**公司开展经营活动向债权人提供担保； (3) **公司与主债务人之间存在相互担保等商业合作关系；** (4) 担保合同系由单独或者共同持有公司三分之二以上有表决权的股东签字同意。	公司开展经营活动提供担保； (三) 担保合同系由单独或者共同持有公司三分之二以上**对担保事项**有表决权的股东签字同意。 **上市公司对外提供担保，不适用前款第二项、第三项的规定。**	有表决权的股东签字同意。而且，后两种情形不适用于上市公司对外提供担保。吸收了《九民纪要》第19条的相关内容，删除了“公司与主债务人之间存在相互担保等合作关系”情形，且将直接或者间接控制的公司限缩为全资子公司。
《九民纪要》 22. **债权人**根据上市公司公开披露的关于担保事项已经董事会或者股东大会决议通过的信息订立的担保合同，人民法院应当认定有效。	**第九条　相对人**根据上市公司公开披露的关于担保事项已经董事会或者股东大会决议通过的信息，与上市公司订立担保合同，相对人主张担保合同对上市公司发生效力，并由上市公司承担担保责任的，人民法院应予支持。 **相对人未根据上市公司公开披露的关于担保事项已经董事会或者股东大会决议通过的信息，与上市公司订立担保合同，上市公司主张担保合同对其不发生效力，且不承担担保责任或者赔偿责任的，人民法院应予支持。** **相对人与上市公司已公开披露的控股子公司订立的担保合同，或者相对人与股票在国务院批准的其他全国性证券交易场所交易的公司订立的担保合同，适用前两款规定。**	本条第1款根据《九民纪要》第22条转化而来。《证券法》规定了发行人公开信息披露的要求，要求信息披露真实、准确、完整、简明、通俗易懂。上市公司信息披露属于法定义务，公众具有信赖利益。本条旨在衔接证券领域的法律规定，维护公开信息披露的权威性。相对人有信赖利益，上市公司理应对此负责。 本条第2款是对第1款的补充。如果相对人未根据上市公司公开披露的信息作出决策，则上市公司可以主张担保合同对其不发生效力。 上市公司控股子公司和在新三板挂牌的公司，依法也存在信息披露的义务，同样适用本条规定。

担保相关规定	《担保制度司法解释》	解读
《公司法》 第十六条　公司向其他企业投资或者为他人提供担保，依照公司章程的规定，由董事会或者股东会、股东大会决议；公司章程对投资或者担保的总额及单项投资或者担保的数额有限额规定的，不得超过规定的限额。 公司为公司股东或者实际控制人提供担保的，必须经股东会或者股东大会决议。 前款规定的股东或者受前款规定的实际控制人支配的股东，不得参加前款规定事项的表决。该项表决由出席会议的其他股东所持表决权的过半数通过。	第十条　一人有限责任公司为其股东提供担保，公司以违反公司法关于公司对外担保决议程序的规定为由主张不承担担保责任的，人民法院不予支持。公司因承担担保责任导致无法清偿其他债务，提供担保时的股东不能证明公司财产独立于自己的财产，其他债权人请求该股东承担连带责任的，人民法院应予支持。	一人有限责任公司能否为股东提供担保，在理论实务界存在争议。本条厘清争议，明确一人有限责任公司可以为股东提供担保，将有助于增进小微企业的融资能力。同时，为了遏制一人有限责任公司滥用法人资格，平衡公司债权人的利益，本条同时规定，一人有限责任公司因承担担保责任导致无法清偿其他债务的，其他债权人有权要求该股东承担连带责任。 依据《公司法》，公司为股东提供担保要由公司股东会审议，且需要其他股东的过半数表决权通过。在一人有限责任公司的情况，就存在适用难题。一人有限责任公司仅有一个股东，其回避以后就无人表决。本条出于平衡担保债权人和其他债权人的利益，一方面认可了担保合同的有效性；另一方面，对于构成法人人格否认的情形，允许其他债权人主张股东的连带责任。

担保相关规定	《担保制度司法解释》	解读
《担保法》 第十条　企业法人的分支机构、职能部门不得为保证人。 企业法人的分支机构有法人书面授权的，可以在授权范围内提供保证。 《担保法司法解释》 第十七条　企业法人的分支机构未经法人书面授权提供保证的，保证合同无效。因此给债权人造成损失的，应当根据担保法第五条第二款的规定处理。 企业法人的分支机构经法人书面授权提供保证的，如果法人的书面授权范围不明，法人的分支机构应当对保证合同约定的全部债务承担保证责任。 企业法人的分支机构经营管理的财产不足以承担保证责任的，由企业法人承担民事责任。 企业法人的分支机构提供的保证无效后应当承担赔偿责任的，由分支机构经营管理的财产承担。企业法人有过错的，按照担保法第二十九条的规定处理。 第十八条　企业法人的职能部门提供保证的，保证合同无效。债权人知道或者应当知道保证人为企业法人的职能部门的，因此造成的损失由债权人自行承担。	第十一条　公司的分支机构未经公司股东（大）会或者董事会决议以自己的名义对外提供担保，相对人请求公司或者其分支机构承担担保责任的，人民法院不予支持，但是相对人不知道且不应当知道分支机构对外提供担保未经公司决议程序的除外。 金融机构的分支机构在其营业执照记载的经营范围内开立保函，或者经有权从事担保业务的上级机构授权开立保函，金融机构或者其分支机构以违反公司法关于公司对外担保决议程序的规定为由主张不承担担保责任的，人民法院不予支持。金融机构的分支机构未经金融机构授权提供保函之外的担保，金融机构或者其分支机构主张不承担担保责任的，人民法院应予支持，但是相对人不知道且不应当知道分支机构对外提供担保未经金融机构授权的除外。 担保公司的分支机构未经担保公司授权对外提供担保，担保公司或者其分支机构主张不承担担保责任的，人民法院应予支持，但是相对人不知道且不应当知道分支机构对外提供担保未经担保公司授权的除外。	出于保护交易安全目的，相比《担保法》第10条的规定，本条不再禁止公司的分支机构对外提供担保，但必须经过公司相关决议程序。对于相对人不知道且不应当知道分支机构未经相关决议程序的，出于保护相对人利益考虑，认可担保的效力。 同时，有两种特殊情形：第一种，金融机构开立的保函只要属于其经营范围或经有权从事担保业务的上级机构授权，金融机构或其分支机构即不得否认其效力，无论是否通过相关决议；第二种，担保公司的分支机构对外提供担保是否有效，与担保公司是否授权密切相关，不以通过相关决议为必须。 本条未提及公司的职能部门，但由于职能部门不像分支机构具备一定的独立经营权和财产，其对外担保应属于禁止之列。

担保相关规定	《担保制度司法解释》	解读
债权人不知保证人为企业法人的职能部门，因此造成的损失，可以参照担保法第五条第二款的规定和第二十九条的规定处理。	公司的分支机构对外提供担保，相对人非善意，请求公司承担赔偿责任的，参照本解释第十七条的有关规定处理。	
《九民纪要》 23. 法定代表人以公司名义与债务人约定加入债务并通知债权人或者向债权人表示愿意加入债务，该约定的效力问题，参照本纪要关于公司为他人提供担保的有关规则处理。	第十二条　法定代表人依照民法典第五百五十二条的规定以公司名义加入债务的，人民法院在认定该行为的效力时，可以参照本解释关于公司为他人提供担保的有关规则处理。	本条是对《九民纪要》第23条债务加入的内容转换，参照公司为他人提供担保的有关规则处理。
《担保法》 第十二条　同一债务有两个以上保证人的，保证人应当按照保证合同约定的保证份额，承担保证责任。没有约定保证份额的，保证人承担连带责任，债权人可以要求任何一个保证人承担全部保证责任，保证人都负有担保全部债权实现的义务。已经承担保证责任的保证人，有权向债务人追偿，或者要求承担连带责任的其他保证人清偿其应当承担的份额。 第十九条　当事人对保证方式没有约定或者约定不明确的，按照连带责任保证承担保证责任。 《担保法司法解释》 第十九条　两个以上保证人对同一债务同时或者分别提供保证时，各保证人与债权人没有约定保证份额的，应当认定为连带共同保证。	第十三条　同一债务有两个以上第三人提供担保，担保人之间约定相互追偿及分担份额，承担了担保责任的担保人请求其他担保人按照约定分担份额的，人民法院应予支持；担保人之间约定承担连带共同担保，或者约定相互追偿但是未约定分担份额的，各担保人按照比例分担向债务人不能追偿的部分。 同一债务有两个以上第三人提供担保，担保人之间未对相互追偿作出约定且未约定承担连带共同担保，但是各担保人在同一份合同书上签字、盖章或者按指印，承担了担保责任的担保人请求其他担保人按照比例分担向债务人不能追偿部分的，人民法院应予支持。 除前两款规定的情形外，承担了担保责任的担保	对于同一债务有两个以上担保的处理。《民法典》第392条延续了《物权法》关于物的担保和人的担保并存下的处理，均为第三人担保的不存在先后顺序之分。但对于担保人之间可否相互追偿的问题未做规定，本条对其进行细化： (1) 如共同担保人之间对于相互追偿及分担份额有明确约定的，则共同担保人之间的相互追偿问题，从其约定。 (2) 如共同担保人之间约定承担连带共同担保，或者约定相互追偿但未约定分担份额的，则视为份额相同，担保人按比例分担向债务人不能追偿的部分，承担担保责任的担保人有权向其他担保人追偿。 (3) 即使各担保人未对相

担保相关规定	《担保制度司法解释》	解读
连带共同保证的保证人以其相互之间约定各自承担的份额对抗债权人的，人民法院不予支持。 第二十条　连带共同保证的债务人在主合同规定的债务履行期届满没有履行债务的，债权人可以要求债务人履行债务，也可以要求任何一个保证人承担全部保证责任。 连带共同保证的保证人承担保证责任后，向债务人不能追偿的部分，由各连带保证人按其内部约定的比例分担。没有约定的，平均分担。 第二十一条　按份共同保证的保证人按照保证合同约定的保证份额承担保证责任后，在其履行保证责任的范围内对债务人行使追偿权。 第三十八条　同一债权既有保证又有第三人提供物的担保的，债权人可以请求保证人或者物的担保人承担担保责任。当事人对保证担保的范围或者物的担保的范围没有约定或者约定不明的，承担了担保责任的担保人，可以向债务人追偿，也可以要求其他担保人清偿其应当分担的份额。 同一债权既有保证又有物的担保的，物的担保合同被确认无效或者被撤销，	人请求其他担保人分担向债务人不能追偿部分的，人民法院不予支持。	互追偿作出约定且未约定承担连带共同担保，但只要各担保人在同一份合同书上签字、盖章或者按指印，则承担了担保责任的担保人，仍有权要求其他担保人按比例分担向债务人不能追偿的部分。 （4）除前述情形外，共同担保人之间没有追偿权，不可相互追偿。

担保相关规定	《担保制度司法解释》	解读
或者担保物因不可抗力的原因灭失而没有代位物的，保证人仍应当按合同的约定或者法律的规定承担保证责任。 债权人在主合同履行期届满后怠于行使担保物权，致使担保物的价值减少或者毁损、灭失的，视为债权人放弃部分或者全部物的担保。保证人在债权人放弃权利的范围内减轻或者免除保证责任。		
	第十四条　同一债务有两个以上第三人提供担保，担保人受让债权的，人民法院应当认定该行为系承担担保责任。受让债权的担保人作为债权人请求其他担保人承担担保责任的，人民法院不予支持；该担保人请求其他担保人分担相应份额的，依照本解释第十三条的规定处理。	本条为新增条款，不必考虑一般保证还是连带共同保证，也不必考虑担保人之间是否为连带共同担保，直接将担保人受让债权行为认定为承担了担保责任。其产生的法律效果为原债权债务关系消灭，其上的担保也随之消灭，其他担保人则可在受让债权的范围内主张免除担保责任，而担保人之间的相互追偿问题依照本解释第 13 条的规定处理。
《担保法》 第十四条　保证人与债权人可以就单个主合同分别订立保证合同，也可以协议在最高债权额限度内就一定期间连续发生的借款合同或者某项商品交易合同订立一个保证合同。	第十五条　最高额担保中的最高债权额，是指包括主债权及其利息、违约金、损害赔偿金、保管担保财产的费用、实现债权或者实现担保物权的费用等在内的全部债权，但是当事人另有约定的除外。	本条旨在进一步明确最高额担保的最高债权额范围。延续了《担保法》《物权法》的规定，对最高额保证、最高额抵押和最高额质押的最高债权额范围作出了规定，并采取登记优先主义，以保护公示的公信力。

担保相关规定	《担保制度司法解释》	解读
第五十九条　本法所称最高额抵押，是指抵押人与抵押权人协议，在最高债权额限度内，以抵押物对一定期间内连续发生的债权作担保。 《担保法司法解释》 第二十三条　最高额保证合同的不特定债权确定后，保证人应当对在最高债权额限度内就一定期间连续发生的债权余额承担保证责任。 第八十一条　最高额抵押权所担保的债权范围，不包括抵押物因财产保全或者执行程序被查封后或债务人、抵押人破产后发生的债权。 第八十二条　当事人对最高额抵押合同的最高限额、最高额抵押期间进行变更，以其变更对抗顺序在后的抵押权人的，人民法院不予支持。 第八十三条　最高额抵押权所担保的不特定债权，在特定后，债权已届清偿期的，最高额抵押权人可以根据普通抵押权的规定行使其抵押权。 抵押权人实现最高额抵押权时，如果实际发生的债权余额高于最高限额的，以最高限额为限，超过部分不具有优先受偿的效力；如果实际发生的债权余额低于最高限额的，以实际发生的债权余额为限对抵押物优先受偿。	登记的最高债权额与当事人约定的最高债权额不一致的，人民法院应当依据登记的最高债权额确定债权人优先受偿的范围。	

担保相关规定	《担保制度司法解释》	解读
《担保法司法解释》 **第三十九条** 主合同当事人**双方**协议以新贷偿还旧贷，除保证人知道或者应当知道的外，保证人不承担民事责任。 新贷与旧贷系同一保证人的，不适用前款的规定。 **《九民纪要》** 57. 贷款到期后，借款人与贷款人订立新的借款合同，将新贷用于归还旧贷，旧贷因清偿而消灭，为旧贷设立的担保物权也随之消灭。贷款人以旧贷上的担保物权尚未进行涂销登记为由，主张对新贷行使担保物权的，人民法院不予支持，但当事人约定继续为新贷提供担保的除外。	**第十六条** 主合同当事人协议以新贷偿还旧贷，债权人请求旧贷的担保人承担担保责任的，人民法院不予支持；**债权人请求新贷的担保人承担担保责任的，按照下列情形处理：** （一）新贷与旧贷的担保人相同的，人民法院应予支持； （二）新贷与旧贷的担保人不同，或者旧贷无担保新贷有担保的，人民法院不予支持，但是债权人有证据证明新贷的担保人提供担保时对以新贷偿还旧贷的事实知道或者应当知道的除外。 主合同当事人协议以新贷偿还旧贷，旧贷的物的担保人在登记尚未注销的情形下同意继续为新贷提供担保，**在订立新的贷款合同前又以该担保财产为其他债权人设立担保物权，其他债权人主张其担保物权顺位优先于新贷债权人的，人民法院不予支持。**	本条融合了《担保法司法解释》第39条和《九民纪要》第57条的内容，并对《九民纪要》第57条的内容进一步完善，确认在旧贷的物的担保人在登记尚未注销的情形下，同意继续为新贷提供担保的，新贷债权人享有的担保权优先性，不以订立新的贷款合同为限制。
《担保法司法解释》 **第七条** 主合同有效而担保合同无效，债权人无过错的，担保人与债务人对主合同债权人的经济损失，承担连带赔偿责任；债权人、担保人有过错的，担保人承担民事责任的部分，不应超过债务人不能清偿部分的1/2。	**第十七条** 主合同有效而**第三人提供的**担保合同无效，人民法院应当区分不同情形确定担保人的赔偿责任： （一）债权人与担保人均有过错的，担保人承担的赔偿责任不应超过债务人不能清偿部分的二分之一；	即便相对人签订担保合同时是非善意的，导致担保合同无效，仍应基于法定代表人是公司机关的理论，认定担保人原则上应当承担担保无效的民事责任。在此原理基础上，本条第1款更加强调责任与过错之间的关系，对责任分配作了

担保相关规定	《担保制度司法解释》	解读
第八条 主合同无效**而**导致担保合同无效，**担保人**无过错的，担保人不承担**民事**责任；担保人有过错的，**担保人**承担**民事**责任**的部分**，不应超过债务人不能清偿部分的1/3。 **第十条** 主合同解除后，担保人对债务人应当承担的民事责任仍应承担担保责任。但是，担保合同另有约定的除外。	（二）担保人有过错**而债权人无过错**的，**担保人对债务人不能清偿的部分承担赔偿责任；** （三）债权人有过错而担保人无过错的，担保人不承担赔偿责任。 主合同无效导致**第三人提供的**担保合同无效，担保人无过错的，不承担**赔偿**责任；担保人有过错的，**其**承担**的赔偿**责任不应超过债务人不能清偿部分的三分之一。	较大的调整。本条第2款仅是对原司法解释字词的调整。
《担保法司法解释》 **第九条 担保人因无效担保合同向债权人承担赔偿责任后，可以向债务人追偿，或者在承担赔偿责任的范围内，要求有过错的反担保人承担赔偿责任。** **担保人可以根据承担赔偿责任的事实对债务人或者反担保人另行提起诉讼。** **《物权法》** **第一百七十六条** 被担保的债权既有物的担保又有人的担保的，债务人不履行到期债务或者发生当事人约定的实现担保物权的情形，债权人应当按照约定实现债权；没有约定或者约定不明确，债务人自己提供物的担保的，债权人应当先就该物的担保实现债权；第三人提供物的担保的，债权人可以就物的担保实现债权，也可以要求保证人承担保证责任。提供担保的第三人承担担保责任后，有权向债务人追偿。	**第十八条 承担了担保责任或者赔偿责任的担保人，在其承担责任的范围内向债务人追偿的，人民法院应予支持。** 同一债权既有债务人自己提供的物的担保，又有第三人提供的担保，承担了担保责任或者赔偿责任的第三人，**主张行使债权人对债务人享有的担保物权的，人民法院应予支持。**	法律对担保人承担担保责任后的追偿权作了明确规定，本条第1款主要是对追偿权的范围作出界定。 本条第2款主要是由于《民法典》沿用了《物权法》第176条的规定，债务人的物保和第三人提供的担保并存时，债权人应先就该物的担保实现债权。如果债权人直接就第三人的担保实现了债权，则承担了担保责任的第三人在承担责任范围内承受债权人的权利属于债权的法定转移，其效力与债权让与类似，所以不仅本债权，从属于本债权的对债务人财产的抵押权等担保物权也一并转移给担保人。

担保相关规定	《担保制度司法解释》	解读
《担保法司法解释》 **第九条** 担保人因无效担保合同向债权人承担赔偿责任后，可以向债务人追偿，或者在承担赔偿责任的范围内，要求**有过错的**反担保人承担赔偿责任。 **担保人可以根据承担赔偿责任的事实对债务人或者反担保人另行提起诉讼。**	**第十九条** 担保合同无效，承担了赔偿责任的担保人按照反担保合同的约定，在其承担赔偿责任的范围内请求反担保人承担担保责任的，人民法院应予支持。 **反担保合同无效的，依照本解释第十七条的有关规定处理。当事人仅以担保合同无效为由主张反担保合同无效的，人民法院不予支持。**	在担保合同无效的情况下，本条第1款相较于《担保法司法解释》第9条，放宽了担保人向反担保人主张担保责任的限制，不再要求反担保人具有过错。 本条第2款对反担保合同的从属性作了限制，不以担保合同无效就直接认定反担保合同无效。
	第二十条 人民法院在审理第三人提供的物的担保纠纷案件时，可以适用民法典第六百九十五条第一款、第六百九十六条第一款、第六百九十七条第二款、第六百九十九条、第七百条、第七百零一条、第七百零二条等关于保证合同的规定。	本条为新增条款。《民法典》出于条文布局考虑，仅对保证合同作了详细规定。第三人提供的物的担保与保证虽然担保形式不同，但均为第三人提供的担保，存在很大的相似性，相关规则具有一定的共通性。司法解释对相关规则的适用予以明确。
《仲裁法》 **第五条** 当事人达成仲裁协议，一方向人民法院起诉的，人民法院不予受理，但仲裁协议无效的除外。 **《担保法司法解释》** **第一百二十九条** 主合同和担保合同发生纠纷提起诉讼的，应当根据主合同确定案件管辖。**担保人承担连带责任的担保合同发生纠纷，债权人向担保人主张权利的，应当由担保人住所地的法院管辖。** **主合同和担保合同选择管辖的法院不一致的，应当根据主合同确定案件管辖。**	**第二十一条** 主合同或者担保合同约定了仲裁条款的，人民法院对约定仲裁条款的合同当事人之间的纠纷无管辖权。 债权人一并起诉债务人和担保人的，应当根据主合同确定管辖法院。 **债权人依法可以单独起诉担保人且仅起诉担保人的，应当根据担保合同确定管辖法院。**	本条第1款是《仲裁法》第5条的体现，合法的仲裁协议排除司法管辖。 本条第2款延续了《担保法司法解释》第129条的规定，是担保合同从属性的体现。 本条第3款是担保合同相对独立性的体现，在不涉及主合同或债权人的情况下，依照担保合同确定管辖。

担保相关规定	《担保制度司法解释》	解读
《担保法司法解释》 第四十四条　保证期间，人民法院受理债务人破产案件的，债权人既可以向人民法院申报债权，也可以向保证人主张权利。 债权人申报债权后在破产程序中未受清偿的部分，保证人仍应当承担保证责任。债权人要求保证人承担保证责任的，应当在破产程序终结后6个月内提出。 《企业破产法》 第四十六条　未到期的债权，在破产申请受理时视为到期。 附利息的债权自破产申请受理时起停止计息。	**第二十二条　人民法院受理债务人破产案件后，债权人请求担保人承担担保责任，担保人主张担保债务自人民法院受理破产申请之日起停止计息的，人民法院对担保人的主张应予支持。**	主债务进入破产程序后，担保债务是否停止计息，司法实践中一直存在争议：主张停止计息的主要理由在于担保的从属性，担保人承担的责任范围不应超过债务人；主张不停止计息的主要理由在于停止计息是对破产企业的特殊保护，旨在维护全体债权人公平受偿，保证人并非被保护的对象。 本条对该争议一锤定音，与本解释第3条“担保责任的范围不得大于主债务范围”保持一致。
《企业破产法》 第五十一条　债务人的保证人或者其他连带债务人已经代替债务人清偿债务的，**以其对债务人的求偿权申报债权。** 债务人的保证人或者其他连带债务人尚未代替债务人清偿债务的，以其对债务人的将来求偿权申报债权。但是，债权人已经向管理人申报全部债权的除外。 第九十四条　按照重整计划减免的债务，自重整计划执行完毕时起，债务人不再承担清偿责任。 第一百零六条　按照和解协议减免的债务，自和解协议执行完毕时起，债务人不再承担清偿责任。	**第二十三条　人民法院受理债务人破产案件，债权人在破产程序中申报债权后又向人民法院提起诉讼，请求担保人承担担保责任的，人民法院依法予以支持。** 担保人清偿债权人的全部债权后，**可以代替债权人在破产程序中受偿**；在债权人的债权未获全部清偿前，担保人不得代替债权人在破产程序中受偿，**但是有权就债权人通过破产分配和实现担保债权等方式获得清偿总额中超出债权的部分，在其承担担保责任的范围内请求债权人返还。** 债权人在债务人破产程序中未获全部清偿，请求担保人继续承担担保责任	本条第1款明确了债权人在债务人破产程序中申报债权不影响请求担保人承担担保责任，即债权人申报债权后仍可另案起诉担保人。债务人进入破产程序的，债权人申报债权后又对担保人提起诉讼的，司法实践中曾存在不同的处理方式，包括：第一，担保案件中止审理，待破产案件终结后再恢复审理；第二，不中止审理，但在债务人破产程序终结后，根据债权人的受偿情况，由担保人向债权人履行义务。本款明确，债权人在债务人破产程序中有权单独对担保人提起诉讼。

担保相关规定	《担保制度司法解释》	解读
第一百二十四条 破产财产的分配应当以货币分配方式进行。但是，债权人会议另有决议的除外。	的，人民法院应予支持；担保人承担担保责任后，向和解协议或者重整计划执行完毕后的债务人追偿的，人民法院不予支持。	本条第2款在《企业破产法》赋予保证人或其他连带债务人以求偿权申报债权外，认可担保人清偿全部债权后继受债权人地位以及一定条件下向债权人主张不当得利返还权。该规定与2018年3月发布的《全国法院破产审判工作会议纪要》第31条“破产程序终结前，已向债权人承担了保证责任的保证人，可以要求债务人向其转付已申报债权的债权人在破产程序中应得清偿部分”实现了良好衔接。 本条第3款是《企业破产法》第94条、第106条以及第124条的规定的体现。
《担保法》 **第三十二条** 人民法院受理债务人破产案件后，债权人未申报债权的，保证人可以参加破产财产分配，预先行使追偿权。 **《担保法司法解释》** **第四十五条** 债权人知道或者应当知道债务人破产，既未申报债权也未通知**保证人**，致使**保证人**不能预先行使追偿权的，**保证人在**该债权在破产程序中可能受偿的范围内免除**保证**责任。 **第四十六条** 人民法院受理债务人破产案件后，债权人未申报债权的，各连带共同保证的保证人应当作为一个主体申报债权，预先行使追偿权。	**第二十四条** 债权人知道或者应当知道债务人破产，既未申报债权也未通知**担保人**，致使**担保人**不能预先行使追偿权的，**担保人就**该债权在破产程序中可能受偿的范围内免除**担保**责任，**但是担保人因自身过错未行使追偿权的除外**。	本条延续了《担保法司法解释》第45条的精神，并增加了“担保人因自身过错未行使追偿权的除外”。 民事主体履行合同应该遵守诚信原则，履行通知、协助、照顾、保密等义务，该条即诚信原则的体现。

担保相关规定	《担保制度司法解释》	解读
	二、关于保证合同	
《担保法》 **第十七条第一款** 当事人在保证合同中约定，债务人不能履行债务时，由保证人承担保证责任的，为一般保证。 **第十八条第一款** 当事人在保证合同中约定**保证人与债务人对债务承担连带责任的**，为连带责任保证。	**第二十五条** 当事人在保证合同中约定了保证人在债务人不能履行债务**或者无力偿还债务时**才承担保证责任**等类似内容，具有债务人应当先承担责任的意思表示的，人民法院应当将其认定**为一般保证。 当事人在保证合同中约定了**保证人在债务人不履行债务或者未偿还债务时即承担保证责任、无条件承担保证责任等类似内容，不具有债务人应当先承担责任的意思表示的，人民法院应当将其认定**为连带责任保证。	本条是《担保制度司法解释》较其征求意见稿相比的新增条款，《民法典》第687条和第688条对一般保证和连带责任保证作出了界定。本条对一般保证和连带责任保证的区分，并不要求当事人明确约定为一般保证还是连带责任保证，而是探究当事人之间的意思表示，以是否具有应当先承担责任的内容来区分。
《担保法》 **第十七条** 当事人在保证合同中约定，债务人不能履行债务时，由保证人承担保证责任的，为一般保证。 **一般保证的保证人在主合同纠纷未经审判或者仲裁，并就债务人财产依法强制执行仍不能履行债务前，对债权人可以拒绝承担保证责任。** **有下列情形之一的，保证人不得行使前款规定的权利：** **（一）债务人住所变更，致使债权人要求其履行债务发生重大困难的；** **（二）人民法院受理债**	**第二十六条** **一般保证中，债权人以债务人为被告提起诉讼的，人民法院应予受理。债权人未就主合同纠纷提起诉讼或者申请仲裁，仅起诉一般保证人的，人民法院应当驳回起诉。** **一般保证中，债权人一并起诉债务人和保证人的，人民法院可以受理，但是在作出判决时，除有民法典第六百八十七条第二款但书规定的情形外，应当在判决书主文中明确，保证人仅对债务人财产依法强制执行后仍不能履行的部分承担保证责任。** **债权人未对债务人的**	《民法典》第687条沿用《担保法》第17条规定。一般保证的保证人原则上享有先诉抗辩权，债权人原则上不得径直单独起诉一般保证人。出于节约诉讼成本和解决纠纷考虑，允许债权人一并起诉，但是除特定情形外法院判决中应明确责任先后顺序。 本条第3款对于相关保全也充分考虑了一般保证人的先诉抗辩权的存在。

担保相关规定	《担保制度司法解释》	解读
务人破产案件，中止执行程序的； （三）保证人以书面形式放弃前款规定的权利的。 《担保法司法解释》 **第二十五条** 担保法第十七条第三款第（一）项规定的债权人要求债务人履行债务发生的重大困难情形，包括债务人下落不明、移居境外，且无财产可供执行。	财产申请保全，或者保全的债务人的财产足以清偿债务，债权人申请对一般保证人的财产进行保全的，人民法院不予准许。	
《公证法》 **第三十七条第一款** 对经公证的以给付为内容并载明债务人愿意接受强制执行承诺的债权文书，债务人不履行或者履行不适当的，债权人可以依法向有管辖权的人民法院申请执行。	**第二十七条** 一般保证的债权人取得对债务人赋予强制执行效力的公证债权文书后，在保证期间内向人民法院申请强制执行，保证人以债权人未在保证期间内对债务人提起诉讼或者申请仲裁为由主张不承担保证责任的，人民法院不予支持。	协调《民法典》第687条与《公证法》第37条之间的适用，主债务属于赋予强制执行力的公证文书的，无须经过诉讼或仲裁阶段即可向法院申请强制执行，对于先行起诉或仲裁的机械适用已不适合。
《担保法司法解释》 **第三十四条** 一般保证的债权人在保证期间届满前对债务人提起诉讼或者申请仲裁的，**从判决或者仲裁裁决生效之日起，开始计算保证合同的诉讼时效。** 连带责任保证的债权人在保证期间届满前要求保证人承担保证责任的，**从债权人要求保证人承担保证责任之日起，开始计算保证合同的诉讼时效。**	**第二十八条** 一般保证中，债权人依据生效法律文书对债务人的财产依法申请强制执行，保证债务诉讼时效的起算时间按照下列规则确定： **（一）人民法院作出终结本次执行程序裁定，或者依照民事诉讼法第二百五十七条第三项、第五项的规定作出终结执行裁定的，自裁定送达债权人之日起开始计算；**	本条改变了《担保法司法解释》关于一般保证中保证合同诉讼时效的起算点，并与执行程序挂钩，更符合一般保证的原理和精神。一般保证下，债权人要求保证人承担保证责任的前提是主合同纠纷已经审判或者仲裁，且就债务人财产依法强制执行仍不能履行债务。本条充分考虑这一前提条件，以执

担保相关规定	《担保制度司法解释》	解读
连带责任保证的债权人在保证期间届满前要求保证人承担保证责任的，**从债权人要求保证人承担保证责任之日起，开始计算保证合同的诉讼时效。** **第三十六条** 一般保证中，主债务诉讼时效中断，保证债务诉讼时效中断；连带责任保证中，主债务诉讼时效中断，保证债务诉讼时效不中断。 一般保证和连带责任保证中，主债务诉讼时效中止的，保证债务的诉讼时效同时中止。	**（二）人民法院自收到申请执行书之日起一年内未作出前项裁定的，自人民法院收到申请执行书满一年之日起开始计算，但是保证人有证据证明债务人仍有财产可供执行的除外。** **一般保证的债权人在保证期间届满前对债务人提起诉讼或者申请仲裁，债权人举证证明存在民法典第六百八十七条第二款但书规定情形的，保证债务的诉讼时效自债权人知道或者应当知道该情形之日起开始计算。**	行终结或人民法院收到执行申请一年内未作出裁定，以满一年之日起计算诉讼时效，当然保证人有证据证明债务人仍有财产可供执行的除外。 此外，一般保证的债权人在保证期间对债务人提起诉讼或仲裁，若存在法定的特殊情形，一般保证人不享有先诉抗辩权，自债权人知道或应当知道该情形之日起开始计算诉讼时效，以避免权利人躺在权利上睡觉。
《担保法》 **第十二条** 同一债务有两个以上保证人的，保证人应当按照保证合同约定的保证份额，承担保证责任。没有约定保证份额的，保证人承担连带责任，债权人可以要求任何一个保证人承担全部保证责任，保证人都负有担保全部债权实现的义务。已经承担保证责任的保证人，有权向债务人追偿，或者要求承担连带责任的其他保证人清偿其应当承担的份额。 **《最高人民法院关于已承担保证责任的保证人向其他保证人行使追偿权问题的批复》**	**第二十九条** 同一债务有两个以上保证人，**债权人以其已经在保证期间内依法向部分保证人行使权利为由，主张已经在保证期间内向其他保证人行使权利的，人民法院不予支持。** 同一债务有两个以上保证人，保证人之间相互有追偿权，**债权人未在保证期间内依法向部分保证人行使权利，导致其他保证人在承担保证责任后丧失追偿权，其他保证人主张在其不能追偿的范围内免除保证责任的，人民法院应予支持。**	保证期间属于除斥期间。除斥期间的价值主要在于尽快消除因形成权带给当事人法律利益的不确定状态，稳定彼此的法律关系。本条第1款要求债权人应在保证期间内向各保证人单独主张权利，向某一保证人的权利主张效力不及于其他保证人。 本条第2款与第1款紧密相关，改变了过往的司法解释，未在保证期间主张权利，该保证人责任免除，理应不受事后追偿。

担保相关规定	《担保制度司法解释》	解读
根据《中华人民共和国担保法》第十二条的规定，承担连带责任保证的保证人一人或者数人承担保证责任后，有权要求其他保证人清偿应当承担的份额，**不受债权人是否在保证期间内向未承担保证责任的保证人主张过保证责任的影响。**		
《担保法》 **第二十七条　保证人依照本法第十四条规定就连续发生的债权作保证，未约定保证期间的，保证人可以随时书面通知债权人终止保证合同，但保证人对于通知到债权人前所发生的债权，承担保证责任。** **《担保法司法解释》** **第三十七条**　最高额保证合同对保证期间没有约定或者约定不明的，如**最高额保证合同约定有保证人清偿债务期限的，保证期间为清偿期限届满之日起6个月。没有约定债务清偿期限的，保证期间自最高额保证终止之日或自债权人收到保证人终止保证合同的书面通知到达之日起6个月。**	**第三十条**　最高额保证合同对保证期间的计算方式、起算时间等有约定的，按照其约定。 最高额保证合同对保证期间**的计算方式、起算时间等**没有约定或者约定不明，**被担保债权的履行期限均已届满的，保证期间自债权确定之日起开始计算；被担保债权的履行期限尚未届满的，保证期间自最后到期债权的履行期限届满之日起开始计算。** **前款所称债权确定之日，依照民法典第四百二十三条的规定认定。**	《民法典》删除了《担保法》第27条的规定。本条遵循了“有约从约”的原则，充分考虑了最高额保证的债权确定和相关债权的履行期限，完善了表述。

担保相关规定	《担保制度司法解释》	解读
《诉讼时效司法解释》① 第十条　当事人一方向人民法院提交起诉状或者口头起诉的，诉讼时效从提交起诉状或者口头起诉之日起中断。 《海商法》 第二百六十七条第一款　时效因请求人提起诉讼、提交仲裁或者被请求人同意履行义务而中断。但是，请求人撤回起诉、撤回仲裁或者起诉被裁定驳回的，时效不中断。	第三十一条　一般保证的债权人在保证期间内对债务人提起诉讼或者申请仲裁后，又撤回起诉或者仲裁申请，债权人在保证期间届满前未再行提起诉讼或者申请仲裁，保证人主张不再承担保证责任的，人民法院应予支持。 连带责任保证的债权人在保证期间内对保证人提起诉讼或者申请仲裁后，又撤回起诉或者仲裁申请，起诉状副本或者仲裁申请书副本已经送达保证人的，人民法院应当认定债权人已经在保证期间内向保证人行使了权利。	一般保证要求保证人承担保证责任以债权人在保证期间向债务人提起诉讼或申请仲裁为必要，而撤回起诉或仲裁申请，应视为没有起诉或提起仲裁，与除斥期间设立的初衷相符。 而连带责任保证要求保证人承担保证责任不以诉讼或仲裁为必要，而应以向保证人主张权利的意思表示达到保证人即可。
《担保法司法解释》 第三十二条第二款 保证合同约定保证人承担保证责任直至主债务本息还清时为止等类似内容的，视为约定不明，保证期间为主债务履行期届满之日起2年。	第三十二条　保证合同约定保证人承担保证责任直至主债务本息还清时为止等类似内容的，视为约定不明，保证期间为主债务履行期限届满之日起六个月。	沿用了《担保法司法解释》第32条第2款的相关表述，但将保证期间由两年缩短为六个月。
	第三十三条　保证合同无效，债权人未在约定或者法定的保证期间内依法行使权利，保证人主张不承担赔偿责任的，人民法院应予支持。	最高人民法院的生效法律文书认为，虽然保证合同为无效合同，但保证合同约定的或者法律规定的保证期间仍具有法律意义。债权人在保证期间内没有向保证人主张权利的，保证人不再承担无效保证的赔偿责任。

① 《最高人民法院关于审理民事案件适用诉讼时效制度若干问题的规定》以下简称《诉讼时效司法解释》。

担保相关规定	《担保制度司法解释》	解读
《最高人民法院关于人民法院应当如何认定保证人在保证期间届满后又在催款通知书上签字问题的批复》 **根据《中华人民共和国担保法》的规定，保证期间届满债权人未依法向保证人主张保证责任的，保证责任消灭。保证责任消灭后，债权人书面通知保证人要求承担保证责任或者清偿债务，保证人在催款通知书上签字的，人民法院不得认定保证人继续承担保证责任。但是，该催款通知书内容符合合同法和担保法有关担保合同成立的规定，并经保证人签字认可，能够认定成立新的保证合同的，人民法院应当认定保证人按照新保证合同承担责任。**	**第三十四条　人民法院在审理保证合同纠纷案件时，应当将保证期间是否届满、债权人是否在保证期间内依法行使权利等事实作为案件基本事实予以查明。** **债权人在保证期间内未依法行使权利的，保证责任消灭。保证责任消灭后，债权人书面通知保证人要求承担保证责任，保证人在通知书上签字、盖章或者按指印，债权人请求保证人继续承担保证责任的，人民法院不予支持，但是债权人有证据证明成立了新的保证合同的除外。**	本条第1款规定了法院的查明义务。 第2款规定与《最高人民法院关于人民法院应当如何认定保证人在保证期间届满后又在催款通知书上签字问题的批复》立场相同。保证期间属于除斥期间，除斥期间经过，当事人权利即告终结。
《担保法司法解释》 **第三十五条**　保证人对已经**超过**诉讼时效期间的债务承担保证责任或者提供保证的，又以**超过**诉讼时效为由**抗辩**的，人民法院不予支持。 **《诉讼时效司法解释》** **第十八条**　主债务诉讼时效期间届满，保证人享有主债务人的诉讼时效抗辩权。保证人未主张前述诉讼时效抗辩权，承担保证责任后向主债务人行	**第三十五条**　保证人**知道或者应当知道**主债权诉讼时效期间**届满**仍然提供保证或者承担保证责任，又以诉讼时效期间**届满**为由**拒绝承担保证责任或者请求返还财产**的，人民法院不予支持；保证人承担保证责任后向债务人追偿的，人民法院不予支持，但是**债务人放弃诉讼时效抗辩的**除外。	本条沿用了《担保法司法解释》第35条的内容，并对保证人能否追偿进行了明确。由于过了诉讼时效的债务，债务人享有时效利益，可以主张时效抗辩权。保证人承担保证责任后享有债权人对债务人的权利，当然也受债务人对债权人抗辩权的限制。

担保相关规定	《担保制度司法解释》	解读
使追偿权的，人民法院不予支持，但主债务人同意给付的情形除外。 **第十九条第一款　诉讼时效期间届满，当事人一方向对方当事人作出同意履行义务的意思表示或者自愿履行义务后，又以诉讼时效期间届满为由进行抗辩的，人民法院不予支持。**		
《九民纪要》 91. 信托合同之外的当事人提供第三方差额补足、**代为履行到期回购义务**、流动性支持等类似承诺文件作为增信措施，**其内容符合法律关于保证的规定的**，人民法院应当认定当事人之间成立保证合同关系。**其内容不符合法律关于保证的规定的，依据承诺文件的具体内容确定相应的权利义务关系，并根据案件事实情况确定相应的民事责任。**	**第三十六条**　第三人向债权人提供差额补足、流动性支持等类似承诺文件作为增信措施，**具有提供担保的意思表示**，债权人请求第三人承担保证责任的，人民法院应当依照保证的有关规定处理。 第三人向债权人提供的承诺文件，**具有加入债务或者与债务人共同承担债务等意思表示的，人民法院应当认定为民法典第五百五十二条规定的债务加入。** **前两款中第三人提供的承诺文件难以确定是保证还是债务加入的，人民法院应当将其认定为保证。** **第三人向债权人提供的承诺文件不符合前三款规定的情形，债权人请求第三人承担保证责任或者连带责任的，人民法院不予支持，但是不影响其依据承诺文件请求第三人履行约定的义务或者承担相应的民事责任。**	本条将《九民纪要》第91条的内容进行了转化，并予以进一步完善：（1）探究意思表示的真意，判断是保证，还是债务加入；（2）难以确定是保证还是债务加入的，人民法院应当将其认定为保证；（3）即使不构成保证或债务加入，该文件依然有效，依据文件内容确定。

担保相关规定	《担保制度司法解释》	解读
	三、关于担保物权	
	（一）担保合同与担保物权的效力	
《担保法》 **第三十七条** 下列财产不得抵押： …… （四）所有权、使用权不明或者有争议的财产； （五）依法被查封、扣押、监管的财产； （六）依法不得抵押的其他财产。 **《担保法司法解释》** **第五条** 以法律、法规禁止流通的财产或者不可转让的财产设定担保的，担保合同无效。 以法律、法规限制流通的财产设定担保的，在实现债权时，人民法院应当按照有关法律、法规的规定对该财产进行处理。 **第五十五条 已经设定抵押的财产被采取查封、扣押等财产保全或者执行措施的，不影响抵押权的效力。** **《物权法》** **第一百八十四条** 下列财产不得抵押： …… （四）所有权、使用权不明或者有争议的财产； （五）依法被查封、扣押、监管的财产； （六）法律、行政法规规定不得抵押的其他财产。	**第三十七条** 当事人以所有权、使用权不明或者有争议的财产抵押，**经审查构成无权处分的，**人民法院应当依照民法典第三百一十一条的规定处理。 **当事人以依法被查封或者扣押的财产抵押，抵押权人请求行使抵押权，经审查查封或者扣押措施已经解除的，人民法院应予支持。抵押人以抵押权设立时财产被查封或者扣押为由主张抵押合同无效的，人民法院不予支持。** **以依法被监管的财产抵押的，适用前款规定。**	《担保法》《物权法》《民法典》均规定了所有权、使用权不明或者有争议的财产不得抵押。《民法典》第399条总体上沿用了《物权法》第184条的规定，稍作改动。本条主要明确在违反前述规定的情形下合同效力的判断以及相关权利的行使。

担保相关规定	《担保制度司法解释》	解读
《海关法》 **第三十七条第一款** 海关监管货物，未经海关许可，不得开拆、提取、交付、发运、调换、改装、抵押、质押、留置、转让、更换标记、移作他用或者进行其他处置。		
《担保法司法解释》 **第七十一条** 主债权未受全部清偿的，抵押权人可以就抵押物的全部行使其抵押权。 抵押物被分割或者部分转让的，抵押权人可以就分割或者转让后的抵押物行使抵押权。 **第九十六条** 本解释第五十七条、第六十二条、第六十四条、第七十一条、第七十二条、第七十三条、第七十四条、第八十条之规定，适用于动产质押。	**第三十八条** 主债权未受全部清偿，担保物权人主张就担保财产的全部行使担保物权的，人民法院应予支持，**但是留置权人行使留置权的，应当依照民法典第四百五十条的规定处理。** 担保财产被分割或者部分转让，担保物权人主张就分割或者转让后的担保财产行使担保物权的，人民法院应予支持，**但是法律或者司法解释另有规定的除外。**	整合了《担保法司法解释》的规定，体现的是抵押权和质权的不可分性。留置权是法定担保物权，基础法律关系和留置之间须存在同一性，当然商事担保除外，受制于留置财产的价值应当相当于债务的金额。
《担保法司法解释》 **第七十二条** 主债权被分割或者部分转让**的**，各债权人可以就其享有的债权份额行使抵押权。 主债务被分割或者部分**转让**的，抵押人仍以其抵押物担保数个债务人履行债务。但是，第三人提供**抵押**的，债权人许可债务人转让债务未经抵押人书面同意的，抵押人对未经其同意转让的债务，不再承担担保责任。	**第三十九条** 主债权被分割或者部分转让，各债权人主张就其享有的债权份额行使担保物权的，人民法院应予支持，**但是法律另有规定或者当事人另有约定的除外。** 主债务被分割或者部分**转移**，债务人自己提供物的担保，债权人请求以该担保财产担保全部债务履行的，人民法院应予支持；第三人提供**物的担保**，主张对未经其书面同意转	本条对《担保法司法解释》第72条进行了细化和完善，体现了担保物权的不可分性。

担保相关规定	《担保制度司法解释》	解读
	移的债务不再承担担保责任的，人民法院应予支持。	
《担保法司法解释》 **第六十三条** 抵押权设定前为抵押物的从物的，抵押权的效力及于抵押物的从物。但是，抵押物与其从物为两个以上的人分别所有时，抵押权的效力不及于抵押物的从物。	**第四十条** 从物产生于抵押权依法设立前，抵押权人主张抵押权的效力及于从物的，人民法院应予支持，**但是当事人另有约定的除外。** **从物产生于抵押权依法设立后，抵押权人主张抵押权的效力及于从物的，人民法院不予支持，但是在抵押权实现时可以一并处分。**	本条吸收了《担保法司法解释》第63条的内容。从物产生于抵押权依法设立前的，抵押权人可主张抵押权的效力及于从物。从充分实现物的价值考虑，对于从物产生于抵押权依法设立后的，抵押权人可以一并处置从物，但是对于从物的价值不享有优先受偿权。
《担保法司法解释》 **第六十二条** 抵押物因附合、混合**或者**加工使抵押物的所有权为第三人所有的，抵押权的效力及于补偿金；抵押物所有人为附合物、混合物或者加工物的所有人的，抵押权的效力及于附合物、混合物或者加工物；第三人与抵押物所有人为附合物、混合物或者加工物的共有人的，抵押权的效力及于抵押人对共有物享有的份额。	**第四十一条** 抵押权依法设立后，抵押财产被添附，添附物归第三人所有，抵押权人主张抵押权效力及于补偿金的，人民法院应予支持。 抵押权依法设立后，抵押财产被添附，抵押人对添附物享有所有权，抵押权人主张抵押权的效力及于添附物的，人民法院应予支持，但是**添附导致抵押财产价值增加的，抵押权的效力不及于增加的价值部分。** 抵押权依法设立后，抵押人与第三人因添附成为添附物的共有人，抵押权人主张抵押权的效力及于抵押人对共有物享有的份额的，人民法院应予支持。 本条所称添附，包括附合、混合**与**加工。	本条沿用了《担保法司法解释》第62条的规定，但对“抵押权依法设立后，抵押财产被添附，抵押人对添附物享有所有权，抵押权人主张抵押权的效力及于添附物”这种情形加以限制，即添附导致抵押财产价值增加的，抵押权的效力不及于增加的价值部分。因为在这种情形下，抵押人一般负有赔偿或补偿义务，若是允许抵押权及于增值部分，不利于保护抵押人的其他债权人的利益。

担保相关规定	《担保制度司法解释》	解读
《担保法司法解释》 第八十条　在抵押物灭失、毁损或者被**征用**的情况下，抵押权人可以就该抵押物的保险金、赔偿金或者补偿金优先受偿。 **抵押物灭失、毁损或者被征用的情况下，抵押权所担保的债权未届清偿期的，抵押权人可以请求人民法院对保险金、赔偿金或补偿金等采取保全措施。** 《担保法》 第五十八条　抵押权因抵押物灭失而消灭。因消灭所得的赔偿金，应当作为抵押财产。 《物权法》 第一百七十四条　担保期间，担保财产毁损、灭失或者被征收等，担保物权人可以就获得的保险金、赔偿金或者补偿金等优先受偿。被担保债权的履行期未届满的，也可以提存该保险金、赔偿金或者补偿金等。	**第四十二条**　抵押权依法设立后，抵押财产毁损、灭失或者被**征收等**，抵押权人请求**按照原抵押权的顺位**就保险金、赔偿金或者补偿金**等**优先受偿的，人民法院应予支持。 **给付义务人已经向抵押人给付了保险金、赔偿金或者补偿金，抵押权人请求给付义务人向其给付保险金、赔偿金或者补偿金的，人民法院不予支持，但是给付义务人接到抵押权人要求向其给付的通知后仍然向抵押人给付的除外。** **抵押权人请求给付义务人向其给付保险金、赔偿金或者补偿金的，人民法院可以通知抵押人作为第三人参加诉讼。**	本条完善了《担保法司法解释》第80条的内容，是抵押权物上代位性的体现。
《担保法》 第四十九条　抵押期间，抵押人转让已办理登记的抵押物的，应当通知抵押权人并告知受让人转让物已经抵押的情况；**抵押人未通知抵押权人或者未告知受让人的，转让行为无效。** **转让抵押物的价款明显低于其价值的，抵押权人可以要求抵押人提供相**	**第四十三条**　当事人约定禁止或者限制转让抵押财产但是未将约定登记，抵押人违反约定转让抵押财产，抵押权人请求确认转让合同无效的，人民法院不予支持；抵押财产已经交付或者登记，抵押权人请求确认转让不发生物权效力的，人民法院不予支持，但是抵押权人有证	《民法典》第406条第1款规定，抵押期间，抵押人可以转让抵押财产。当事人另有约定的，按照其约定。抵押财产转让的，抵押权不受影响。这一规定改变了《物权法》第191条的立场，可以说是一个颠覆性的变化。本条是对这一立法变化作出的回应和解释。

担保相关规定	《担保制度司法解释》	解读
应的担保；抵押人不提供的，不得转让抵押物。 **抵押人转让抵押物所得的价款，应当向抵押权人提前清偿所担保的债权或者向与抵押权人约定的第三人提存。超过债权数额的部分，归抵押人所有，不足部分由债务人清偿。** **《物权法》** **第一百九十一条** 抵押期间，抵押人经抵押权人同意转让抵押财产的，应当将转让所得的价款向抵押权人提前清偿债务或者提存。转让的价款超过债权数额的部分归抵押人所有，不足部分由债务人清偿。 抵押期间，抵押人未经抵押权人同意，不得转让抵押财产，但受让人代为清偿债务消灭抵押权的除外。	据证明受让人知道的除外；抵押权人请求抵押人承担违约责任的，人民法院依法予以支持。 当事人约定禁止或者限制转让抵押财产且已经将约定登记，抵押人违反约定转让抵押财产，**抵押权人请求确认转让合同无效的，人民法院不予支持；抵押财产已经交付或者登记，抵押权人主张转让不发生物权效力的，人民法院应予支持，**但是因受让人代替债务人清偿债务导致抵押权消灭的除外。	
《担保法司法解释》 **第十二条　当事人约定的或者登记部门要求登记的担保期间，对担保物权的存续不具有法律约束力。** **担保物权所担保的债权的诉讼时效结束后，担保权人在诉讼时效结束后的2年内行使担保物权的，人民法院应当予以支持。** **《物权法》** **第二百零二条　抵押权人应当在主债权诉讼时效期间行使抵押权；未行使的，人民法院不予保护。**	**第四十四条　主债权诉讼时效期间届满后，抵押权人主张行使抵押权的，人民法院不予支持；抵押人以主债权诉讼时效期间届满为由，主张不承担担保责任的，人民法院应予支持。主债权诉讼时效期间届满前，债权人仅对债务人提起诉讼，经人民法院判决或者调解后未在民事诉讼法规定的申请执行时效期间内对债务人申请强制执行，其向抵押人主张行使抵押权的，人民法院不予支持。**	《民法典》第419条沿用了《物权法》第202条的规定，对抵押权的行使期间作出了规定。本条作了两点完善：(1)补充了未在执行时效内申请强制执行，也不得行使抵押权；(2)对立法关于质权和留置权行使期间的空白作出了规定。

担保相关规定	《担保制度司法解释》	解读
	主债权诉讼时效期间届满后，财产被留置的债务人或者对留置财产享有所有权的第三人请求债权人返还留置财产的，人民法院不予支持；债务人或者第三人请求拍卖、变卖留置财产并以所得价款清偿债务的，人民法院应予支持。 主债权诉讼时效期间届满的法律后果，以登记作为公示方式的权利质权，参照适用第一款的规定；动产质权、以交付权利凭证作为公示方式的权利质权，参照适用第二款的规定。	
	第四十五条　当事人约定当债务人不履行到期债务或者发生当事人约定的实现担保物权的情形，担保物权人有权将担保财产自行拍卖、变卖并就所得的价款优先受偿的，该约定有效。因担保人的原因导致担保物权人无法自行对担保财产进行拍卖、变卖，担保物权人请求担保人承担因此增加的费用的，人民法院应予支持。 当事人依照民事诉讼法有关“实现担保物权案件”的规定，申请拍卖、变卖担保财产，被申请人以担保合同约定仲裁条款为由主张驳回申请的，人民法院经审查后，应当按照以下情形分别处理：	本条为新增条款，认可了当事人之间约定由担保物权人自行拍卖、变卖并就所得的价款优先受偿的有效性。 有效的仲裁协议排除司法管辖，主要在于争议解决的是不是实体纠纷。对于申请“实现担保物权案件”，按照有无实体争议为出发点来判定是否受仲裁条款的约束。

担保相关规定	《担保制度司法解释》	解读
	（一）当事人对担保物权无实质性争议且实现担保物权条件已经成就的，应当裁定准许拍卖、变卖担保财产； **（二）当事人对实现担保物权有部分实质性争议的，可以就无争议的部分裁定准许拍卖、变卖担保财产，并告知可以就有争议的部分申请仲裁；** **（三）当事人对实现担保物权有实质性争议的，裁定驳回申请，并告知可以向仲裁机构申请仲裁。** **债权人以诉讼方式行使担保物权的，应当以债务人和担保人作为共同被告。**	
	（二）不动产抵押	
《物权法》 **第一百八十七条** 以本法第一百八十条第一款第一项至第三项规定的财产或者第五项规定的正在建造的建筑物抵押的，应当办理抵押登记。抵押权自登记时设立。 **《九民纪要》** 60. 不动产抵押合同依法成立，但未办理抵押登记手续，债权人请求抵押人办理抵押登记手续的，人民法院依法予以支持。**因抵押物灭失以及抵押物转让他人等原因不能办理抵押登记，债权人请求抵押人以抵押物的价值为限**	**第四十六条** 不动产抵押合同生效后未办理抵押登记手续，债权人请求抵押人办理抵押登记手续的，人民法院应予支持。 **抵押财产因不可归责于抵押人自身的原因灭失或者被征收等导致不能办理抵押登记，债权人请求抵押人在约定的担保范围内承担责任的，人民法院不予支持；但是抵押人已经获得保险金、赔偿金或者补偿金等，债权人请求抵押人在其所获金额范围内承担赔偿责任的，人民法院依法予以支持。** **因抵押人转让抵押财**	不同于不动产抵押合同原则上自成立时生效，《民法典》第402条延续了《物权法》第187条的规定，不动产抵押权自登记时设立。办理登记是抵押人的义务，无论合同是否作出明确约定。 同时，本条对《九民纪要》第60条作了改动。对于不能办理登记的，根据是不是抵押人自身原因区分抵押人承担的责任。因抵押人自身原因不能办理登记的，债权人可请求抵押人在约定的担保范围内承担责任，

担保相关规定	《担保制度司法解释》	解读
承担责任的，人民法院依法予以支持，但其范围不得超过抵押权有效设立时抵押人所应当承担的责任。	**产或者其他可归责于抵押人自身的原因导致不能办理抵押登记，债权人请求抵押人在约定的担保范围内承担责任的，人民法院依法予以支持，但是不得超过抵押权能够设立时抵押人应当承担的责任范围。**	但是不得超过抵押权能够设立时抵押人应当承担的责任范围；对于非因抵押人自身原因的，债权人仅能请求抵押人在其所获保险金、赔偿金或者补偿金等范围内承担赔偿责任。
《担保法司法解释》 **第六十一条　抵押物**登记记载的内容与抵押合同约定的内容不一致的，以登记记载的内容为准。 **《九民纪要》** 58. 以登记作为公示方式的不动产担保物权的担保范围，一般应当以登记的范围为准。但是，我国目前不动产担保物权登记，不同地区的系统设置及登记规则并不一致，人民法院在审理案件时应当充分注意制度设计上的差别，作出符合实际的判断：一是多数省区市的登记系统未设置“担保范围”栏目，仅有“被担保主债权数额(最高债权数额)”的表述，且只能填写固定数字。而当事人在合同中又往往约定担保物权的担保范围包括主债权及其利息、违约金等附属债权，致使合同约定的担保范围与登记不一致。显然，这种不一致是由于该地区登记系统设置及登记规则造成的该地区	**第四十七条　不动产**登记**簿**就**抵押**财产、**被担保的债权范围等**所作的记载与抵押合同约定不一致的，人民法院应当根据登记**簿**的记载确定抵押财产、被担保的债权范围等事项。	本条与《九民纪要》第58条的精神一致，维护登记的权威性和公信力。

担保相关规定	《担保制度司法解释》	解读
的普遍现象。人民法院以合同约定认定担保物权的担保范围，是符合实际的妥当选择。二是一些省区市不动产登记系统设置与登记规则比较规范，担保物权登记范围与合同约定一致在该地区是常态或者普遍现象，人民法院在审理案件时，应当以登记的担保范围为准。		
《物权法》 **第二十一条** 当事人**提供虚假材料申请登记，给他人造成损害的，应当承担赔偿责任。** 因登记错误，给他人造成损害的，登记机构应当承担赔偿责任。**登记机构赔偿后，可以向造成登记错误的人追偿。**	**第四十八条** 当事人申请办理抵押登记手续时，因登记机构的过错致使其不能办理抵押登记，当事人请求登记机构承担赔偿责任的，人民法院依法予以支持。	《民法典》第222条沿用了《物权法》第21条的规定，本条解释符合登记错误由登记机构承担赔偿责任的立法初衷。
《担保法司法解释》 **第四十八条** 以法定程序确认为违法、**违章**的建筑物抵押的，抵押无效。	**第四十九条** 以违法的建筑物抵押的，抵押合同无效，**但是一审法庭辩论终结前已经办理合法手续的除外。**抵押合同无效的法律后果，依照本解释第十七条的有关规定处理。 **当事人以建设用地使用权依法设立抵押，抵押人以土地上存在违法的建筑物为由主张抵押合同无效的，人民法院不予支持。**	本条从发挥物的价值、维护交易安全的立法宗旨出发，一方面将违法建筑抵押合同认定为无效，同时规定在一审法庭辩论终结前已办理合法手续的，抵押合同效力可事后补正；另一方面，土地上存在违法的建筑不影响以建设用地使用权设立抵押合同的效力。
《担保法》 **第五十六条** 拍卖划拨的国有土地使用权所得	**第五十条 抵押人以划拨建设用地上的建筑物抵押，当事人以该建设用**	对于划拨的建设用地使用权的抵押效力问题，经历了从“需国土部门批准”

担保相关规定	《担保制度司法解释》	解读
的价款，在依法缴纳相当于应缴纳的土地使用权出让金的款额后，抵押权人有优先受偿权。 **《城市房地产管理法》（2019年修正）** **第五十一条** 设定房地产抵押权的土地使用权是以划拨方式取得的，依法拍卖该房地产后，应当从拍卖所得的价款中缴纳相当于应缴纳的土地使用权出让金的款额后，抵押权人方可优先受偿。	**地使用权不能抵押或者未办理批准手续为由主张抵押合同无效或者不生效的，人民法院不予支持。**抵押权依法实现时，拍卖、变卖建筑物所得的价款，应当优先用于补缴建设用地使用权出让金。 **当事人以划拨方式取得的建设用地使用权抵押，抵押人以未办理批准手续为由主张抵押合同无效或者不生效的，人民法院不予支持。已经依法办理抵押登记，抵押权人主张行使抵押权的，人民法院应予支持。抵押权依法实现时所得的价款，参照前款有关规定处理。**	到“办理抵押登记即视为审批”的演变。本条是对以划拨建设用地使用权或其上的建筑物抵押合同效力的认定，除肯定了可以划拨土地使用权及地上房屋设定抵押外，还明确了未经审批不影响抵押合同效力。同时，抵押权实现时，拍卖、变卖房屋所得价款应当优先用于补缴建设用地使用权出让金。为保持一致，《最高人民法院关于破产企业国有划拨土地使用权应否列入破产财产等问题的批复》也作了调整。
《九民纪要》 61. 根据《物权法》第182条之规定，仅以建筑物设定抵押的，抵押权的效力及于占用范围内的土地；仅以建设用地使用权抵押的，抵押权的效力亦及于其上的建筑物。在房地分别抵押，即建设用地使用权抵押给一个债权人，而其上的建筑物又抵押给另一个人的情况下，可能产生两个抵押权的冲突问题。基于“房地一体”规则，此时应当将建筑物和建设用地使用权视为同一财产，从而依照《物权法》第199条的规定确定	**第五十一条　当事人仅以建设用地使用权抵押，债权人主张抵押权的效力及于土地上已有的建筑物以及正在建造的建筑物已完成部分的，人民法院应予支持。债权人主张抵押权的效力及于正在建造的建筑物的续建部分以及新增建筑物的，人民法院不予支持。** **当事人以正在建造的建筑物抵押，抵押权的效力范围限于已办理抵押登记的部分。当事人按照担保合同的约定，主张抵押权的效力及于续建部分、新增建筑物以及规划中尚**	本条是对《九民纪要》第61条的细化。 基于“房地一体”规则，《担保法》第36条、《物权法》第182条及《民法典》第397条均规定了房地一体抵押，本条也在此基础上，针对房地分别抵押时抵押权的效力范围和实现方式进行了细化规定：（1）如仅约定以建设用地使用权设定抵押的，以抵押时点为分界点，抵押权的范围及于地上已有建筑物和在建工程的已完成部分；对于设定抵押后的新建工程及在建工程的续建部分，则不在抵押财产范

担保相关规定	《担保制度司法解释》	解读
清偿顺序：登记在先的先清偿；同时登记的，按照债权比例清偿。同一天登记的，视为同时登记。应予注意的是，根据《物权法》第200条的规定，建设用地使用权抵押后，该土地上新增的建筑物不属于抵押财产。	**未建造的建筑物的，人民法院不予支持。** **抵押人将建设用地使用权、土地上的建筑物或者正在建造的建筑物分别抵押给不同债权人的，人民法院应当根据抵押登记的时间先后确定清偿顺序。**	围内。 (2) 如仅约定以在建建筑物抵押的，抵押权的效力限于已办理抵押登记的部分。对于抵押登记后续建部分、新增建筑物及规划中尚未建造的建筑物，则不属于抵押财产。 (3) 如房地分别抵押给不同债权人的，则抵押财产范围均包括建设用地使用权和建筑物，此时以抵押登记的先后顺序确定清偿顺序。
《企业破产法》 **第三十一条** 人民法院受理破产申请前一年内，涉及债务人财产的下列行为，管理人有权请求人民法院予以撤销： （一）无偿转让财产的； （二）以明显不合理的价格进行交易的； （三）对没有财产担保的债务提供财产担保的； （四）对未到期的债务提前清偿的； （五）放弃债权的。	**第五十二条 当事人办理抵押预告登记后，预告登记权利人请求就抵押财产优先受偿，经审查存在尚未办理建筑物所有权首次登记、预告登记的财产与办理建筑物所有权首次登记时的财产不一致、抵押预告登记已经失效等情形，导致不具备办理抵押登记条件的，人民法院不予支持；经审查已经办理建筑物所有权首次登记，且不存在预告登记失效等情形的，人民法院应予支持，并应当认定抵押权自预告登记之日起设立。** **当事人办理了抵押预告登记，抵押人破产，经审查抵押财产属于破产财产，预告登记权利人主张就抵押财产优先受偿的，人民法院应当在受理破产**	本条属于新增条款，重新规范了抵押预告登记与抵押权登记之间的衔接和关系。 司法实践大多否定了预购商品房抵押预告登记权利人针对抵押权预告登记的财产享有优先受偿的权利。而本条新设规则，以预购商品房是否已经办理首次登记为判断要件，将抵押预告登记的法律效果进行区分。即预购商品房已办理首次登记，且不存在预告登记失效等情形的，则抵押预告登记具有抵押权设立的效果，预告登记权利人可享有优先受偿的权利，且所获得的物权顺位是预告登记的时间，而非办理房屋抵押登记的时间。

担保相关规定	《担保制度司法解释》	解读
	申请时抵押财产的价值范围内予以支持，但是在人民法院受理破产申请前一年内，债务人对没有财产担保的债务设立抵押预告登记的除外。	同时，本条第 2 款与《企业破产法》第 31 条相衔接。
	（三）动产与权利担保	
	第五十三条　当事人在动产和权利担保合同中对担保财产进行概括描述，该描述能够合理识别担保财产的，人民法院应当认定担保成立。	本条属于新增条款。担保物权是在特定财产上设立的物权。本条兼顾了特定性和尽量促成交易的目的。
《担保法司法解释》 **第六十六条**　抵押人将已抵押的财产出租的，抵押权实现后，**租赁合同对受让人不具有约束力。** **抵押人将已抵押的财产出租时，如果抵押人未书面告知承租人该财产已抵押的，抵押人对出租抵押物造成承租人的损失承担赔偿责任；如果抵押人已书面告知承租人该财产已抵押的，抵押权实现造成承租人的损失，由承租人自己承担。** **《物权法》** **第一百八十八条**　以本法第一百八十条第一款第四项、第六项规定的财产或者第五项规定的正在建造的船舶、航空器抵押的，抵押权自抵押合同生效时设立；未经登记，不得对抗善意第三人。	**第五十四条**　动产抵押合同订立后未办理抵押登记，动产抵押权的效力按照下列情形分别处理： （一）抵押人转让抵押财产，受让人占有抵押财产后，抵押权人向受让人请求行使抵押权的，人民法院不予支持，但是抵押权人能够举证证明受让人知道或者应当知道已经订立抵押合同的除外； （二）抵押人将抵押财产出租给他人并移转占有，抵押权人行使抵押权的，**租赁关系不受影响，但是抵押权人能够举证证明承租人知道或者应当知道已经订立抵押合同的除外；** **（三）抵押人的其他债权人向人民法院申请保全或者执行抵押财产，人**	《民法典》第 403 条沿用了《物权法》第 188 条规定，动产抵押登记产生的是对抗善意第三人的效力。换言之，动产抵押未办理登记，不能对抗善意第三人，主要在于动产抵押不改变占有，且未办理登记，抵押权表征很弱。 本条第 1 项和第 2 项属于不得对抗善意第三人的应有之义，改变了过往司法解释的态度。 本条第 3 项和第 4 项针对人民法院已经作出财产保全裁定或者采取执行措施及抵押人破产三种情形，为保护司法的权威性或债权人受偿的公平性，均否认了抵押权人的优先受偿权。

担保相关规定	《担保制度司法解释》	解读
	民法院已经作出财产保全裁定或者采取执行措施，抵押权人主张对抵押财产优先受偿的，人民法院不予支持； **（四）抵押人破产，抵押权人主张对抵押财产优先受偿的，人民法院不予支持。**	
《九民纪要》 63. 在流动质押中，经常由债权人、出质人与监管人订立三方监管协议，此时应当查明监管人究竟是受债权人的委托还是受出质人的委托监管质物，确定质物是否已经交付债权人，从而判断质权是否有效设立。如果监管人系受债权人的委托监管质物，则其是债权人的直接占有人，应当认定完成了质物交付，质权有效设立。监管人违反**监管协议**约定，违规向出质人放货、因保管不善导致质物毁损灭失，债权人请求监管人承担违约责任的，人民法院依法予以支持。 如果监管人系受出质人委托监管质物，表明质物并未交付债权人，应当认定质权未有效设立。尽管监管协议约定监管人系受债权人的委托监管质物，但有证据证明其并未履行监管职责，质物实际上仍	**第五十五条** 债权人、出质人与监管人订立三方协议，出质人以通过一定数量、品种等概括描述能够确定范围的货物为债务的履行提供担保，当事人有证据证明监管人系受债权人的委托监管并实际控制该货物的，人民法院应当认定**质权于监管人实际控制货物之日起**设立。监管人违反约定向出质人**或者其他人**放货、因保管不善导致货物毁损灭失，债权人请求监管人承担违约责任的，人民法院依法予以支持。 在前款规定情形下，当事人有证据证明监管人系受出质人委托监管该货物，或者虽然受债权人委托但是未实际履行监管职责，导致货物仍由出质人实际控制的，人民法院应当认定质权未设立。债权人可以基于质押合同的约定请求出质人承担违约责任，但是不得超过质权有	本条是关于质物处于第三方监管下，质权是否有效设立及监管人如何承担责任的规定，基本沿用了《九民纪要》第63条的思路，主要解决以下问题： (1) 质权是否有效设立及设立时间。动产质押，只有将质物交付质权人占有的情况下才能有效设立，而交付方式，可以为现实交付，也可为指示交付等观念交付。因此，如果监管人是受债权人委托监管质物并实际控制，可以认为完成了指示交付，质权有效设立，且质权设立时间为监管人实际控制货物之日。 但如果监管人系受出质人委托监管该货物，或者虽然受债权人委托但是未实际履行监管职责，但货物仍实际处于出质人的控制之下，此时，占有并未实际发生转移，因此质权未设立。

担保相关规定	《担保制度司法解释》	解读
由出质人管领控制的，也应当认定质物并未实际交付，质权未有效设立。此时，债权人可以基于质押合同的约定请求质押人承担违约责任，但其范围不得超过质权有效设立时质押人所应当承担的责任。监管人未履行监管职责的，债权人也可以请求监管人承担违约责任。	效设立时出质人应当承担的责任范围。监管人未履行监管职责，债权人请求监管人承担责任的，人民法院依法予以支持。	(2) 监管人的责任承担问题。在流动质押的委托监管关系中，监管人受质权人委托，实际占有质物并对质物负有妥善保管的义务。因此，当监管人未按照监管协议的约定，未能有效监控货物导致质物出库或者因保管不善导致质物毁损灭失的，则监管人应按照监管协议的约定承担违约责任。
《物权法》 第一百八十九条　企业、个体工商户、农业生产经营者以本法第一百八十一条规定的动产抵押的，应当向抵押人住所地的工商行政管理部门办理登记。抵押权自抵押合同生效时设立；未经登记，不得对抗善意第三人。 依照本法第一百八十一条规定抵押的，不得对抗正常经营活动中已支付合理价款并取得抵押财产的买受人。	第五十六条　买受人在出卖人正常经营活动中通过支付合理对价取得已被设立担保物权的动产，担保物权人请求就该动产优先受偿的，人民法院不予支持，但是有下列情形之一的除外： （一）购买商品的数量明显超过一般买受人； （二）购买出卖人的生产设备； （三）订立买卖合同的目的在于担保出卖人或者第三人履行债务； （四）买受人与出卖人存在直接或者间接的控制关系； （五）买受人应当查询抵押登记而未查询的其他情形。 前款所称出卖人正常经营活动，是指出卖人的经营活动属于其营业执照	本条是新增条款，是对《民法典》第404条的进一步解释。《民法典》第404条是根据浮动抵押制度演变而来，将“抵押”进一步明确为“担保物权”，适用范围更广。但同时也进行了限缩，即在符合特定情形时，认为买受人的买卖行为并不能对抗动产担保物权，加强了对担保物权人的权益保护。值得注意的是，本条将非典型担保中所有权保留买卖的出卖人、融资租赁合同的出租人也同样明确为担保物权人。可以预见，未来司法实践对融资租赁法律关系的判断，也会更注重租赁物是否能够具有担保租金债权实现这一功能的认定。

担保相关规定	《担保制度司法解释》	解读
	明确记载的经营范围，且出卖人持续销售同类商品。 前款所称担保物权人，是指已经办理登记的抵押权人、所有权保留买卖的出卖人、融资租赁合同的出租人。	
《九民纪要》 66. 当事人订立的具有担保功能的合同，不存在法定无效情形的，应当认定有效。虽然合同约定的权利义务关系不属于物权法规定的典型担保类型，但是其担保功能应予肯定。	第五十七条　担保人在设立动产浮动抵押并办理抵押登记后又购入或者以融资租赁方式承租新的动产，下列权利人为担保价款债权或者租金的实现而订立担保合同，并在该动产交付后十日内办理登记，主张其权利优先于在先设立的浮动抵押权的，人民法院应予支持： （一）在该动产上设立抵押权或者保留所有权的出卖人； （二）为价款支付提供融资而在该动产上设立抵押权的债权人； （三）以融资租赁方式出租该动产的出租人。 买受人取得动产但未付清价款或者承租人以融资租赁方式占有租赁物但是未付清全部租金，又以标的物为他人设立担保物权，前款所列权利人为担保价款债权或者租金的实现而订立担保合同，并在该动产交付后十日内办理登记，主张其权利优先于买受人为他人设立的担保物权的，人民法院应予支持。	《担保制度司法解释》与《九民纪要》第66条一致，认可了非典型担保，本解释第1条中规定："所有权保留买卖、融资租赁、保理等涉及担保功能发生的纠纷，适用本解释的有关规定"。 本条旨在解决认可非典型担保后，交叉典型担保后的效力优先问题。从平衡利益出发，基于担保财产的来源设立且在规定期限内登记的非典型担保优先保护。

担保相关规定	《担保制度司法解释》	解读
	同一动产上存在多个价款优先权的，人民法院应当按照登记的时间先后确定清偿顺序。	
《担保法司法解释》 **第九十八条** 以汇票、支票、本票出质，出质人与质权人没有背书记载“质押”字样，以票据出质对抗善意第三人的，人民法院不予支持。 《物权法》 **第二百二十四条** 以汇票、支票、本票、债券、存款单、仓单、提单出质的，当事人应当订立书面合同。质权自权利凭证交付质权人时设立；没有权利凭证的，质权自有关部门办理出质登记时设立。 《票据法》 **第三十五条第二款** 汇票可以设定质押；质押时应当以背书记载“质押”字样。被背书人依法实现其质权时，可以行使汇票权利。	**第五十八条** 以汇票出质，当事人以背书记载“质押”字样并在汇票上签章，汇票已经交付质权人的，人民法院应当认定质权自汇票交付质权人时设立。	《民法典》第441条沿用《物权法》的规定，以汇票、本票、支票、债券、存款单、仓单、提单出质的，质权自权利凭证交付质权人时设立；没有权利凭证的，质权自办理出质登记时设立。法律另有规定的，依照其规定。 本条是在前述法律规定基础上，衔接《票据法》，是对票据质押的特殊规定。
《担保法司法解释》 **第一百零一条** 以票据、债券、存款单、仓单、提单出质的，质权人再转让或者质押的无效。 **第一百零二条** 以载明兑现或者提货日期的汇票、支票、本票、债券、存款单、仓单、提单出质的，其兑现或者提货日期后于债务履行	**第五十九条** 存货人或者仓单持有人在仓单上以背书记载“质押”字样，并经保管人签章，仓单已经交付质权人的，人民法院应当认定质权自仓单交付质权人时设立。没有权利凭证的仓单，依法可以办理出质登记的，仓单质权自办理出质登记时设立。	《民法典》第441条、第910条分别沿用了《物权法》第224条、《合同法》第387条的相关内容。本条第1款就是对前述规定的适用的解释。 本条其余条款旨在解读多个担保之间的效力问题以及责任追究。

担保相关规定	《担保制度司法解释》	解读
期的，质权人只能在兑现或者提货日期届满时兑现款项或者提取货物。 《合同法》 第三百八十七条　仓单是提取仓储物的凭证。存货人或者仓单持有人在仓单上背书并经保管人签字或者盖章的，可以转让提取仓储物的权利。	出质人既以仓单出质，又以仓储物设立担保，按照公示的先后确定清偿顺序；难以确定先后的，按照债权比例清偿。保管人为同一货物签发多份仓单，出质人在多份仓单上设立多个质权，按照公示的先后确定清偿顺序；难以确定先后的，按照债权比例受偿。 存在第二款、第三款规定的情形，债权人举证证明其损失系由出质人与保管人的共同行为所致，请求出质人与保管人承担连带赔偿责任的，人民法院应予支持。	
	第六十条　在跟单信用证交易中，开证行与开证申请人之间约定以提单作为担保的，人民法院应当依照民法典关于质权的有关规定处理。 在跟单信用证交易中，开证行依据其与开证申请人之间的约定或者跟单信用证的惯例持有提单，开证申请人未按照约定付款赎单，开证行主张对提单项下货物优先受偿的，人民法院应予支持；开证行主张对提单项下货物享有所有权的，人民法院不予支持。 在跟单信用证交易中，开证行依据其与开证申请人之间的约定或者跟单信	本条为新增条款，本条第 1 款依照典型担保处理。 本条第 2 款和第 3 款则是在非典型担保受到认可的情况下，考虑到《民法典》第 10 条“处理民事纠纷，应当依照法律；法律没有规定的，可以适用习惯，但是不得违背公序良俗”的规定作出。

担保相关规定	《担保制度司法解释》	解读
	用证的惯例，通过转让提单或者提单项下货物取得价款，开证申请人请求返还超出债权部分的，人民法院应予支持。 前三款规定不影响合法持有提单的开证行以提单持有人身份主张运输合同项下的权利。	
《担保法司法解释》 第九十七条　以公路桥梁、公路隧道或者公路渡口等不动产收益权出质的，按照担保法第七十五条第（四）项的规定处理。 《物权法》 第二百二十三条　债务人或者第三人有权处分的下列权利可以出质： （一）汇票、支票、本票； （二）债券、存款单； （三）仓单、提单； （四）可以转让的基金份额、股权； （五）可以转让的注册商标专用权、专利权、著作权等知识产权中的财产权； （六）应收账款； （七）法律、行政法规规定可以出质的其他财产权利。 第二百二十八条　以应收账款出质的，当事人应当订立书面合同。质权自信贷征信机构办理出质登记时设立。	第六十一条　以现有的应收账款出质，应收账款债务人向质权人确认应收账款的真实性后，又以应收账款不存在或者已经消灭为由主张不承担责任的，人民法院不予支持。 以现有的应收账款出质，应收账款债务人未确认应收账款的真实性，质权人以应收账款债务人为被告，请求就应收账款优先受偿，能够举证证明办理出质登记时应收账款真实存在的，人民法院应予支持；质权人不能举证证明办理出质登记时应收账款真实存在，仅以已经办理出质登记为由，请求就应收账款优先受偿的，人民法院不予支持。 以现有的应收账款出质，应收账款债务人已经向应收账款债权人履行了债务，质权人请求应收账款债务人履行债务的，人民法院不予支持，但是应收账款债务人接到质权人要求向其履	《民法典》第440条、第445条沿用了《物权法》的相关规定，并将可以质押的标的从“应收账款”改为“现有的以及将有的应收账款”。 应收账款涉及第三人，其真实性事关重要。本条旨在平衡担保权人和第三人的利益，担保权人负有一定的谨慎义务。本条第4款则是对现有及将有应收账款实现担保物权的解释。

担保相关规定	《担保制度司法解释》	解读
应收账款出质后，不得转让，但经出质人与质权人协 商同意的除外。出质人转让应收账款所得的价款，应当向质权人提前清偿债务或者提存。	行的通知后，仍然向应收账款债权人履行的除外。 以基础设施和公用事业项目收益权、提供服务或者劳务产生的债权以及其他将有的应收账款出质，当事人为应收账款设立特定账户，发生法定或者约定的质权实现事由时，质权人请求就该特定账户内的款项优先受偿的，人民法院应予支持；特定账户内的款项不足以清偿债务或者未设立特定账户，质权人请求折价或者拍卖、变卖项目收益权等将有的应收账款，并以所得的价款优先受偿的，人民法院依法予以支持。	
《担保法司法解释》 **第一百零八条** 债权人合法占有债务人交付的动产时，不知债务人无处分该动产的权利，债权人可以按照担保法第八十二条的规定行使留置权。 **《物权法》** **第二百三十一条** 债权人留置的动产，应当与债权属于同一法律关系，但企业之间留置的除外。	**第六十二条** 债务人不履行到期债务，债权人因同一法律关系留置合法占有的第三人的动产，并主张就该留置财产优先受偿的，人民法院应予支持。**第三人以该留置财产并非债务人的财产为由请求返还的，人民法院不予支持。** 企业之间留置的动产与债权并非同一法律关系，**债务人以该债权不属于企业持续经营中发生的债权为由请求债权人返还留置财产的，人民法院应予支持。** **企业之间留置的动产与债权并非同一法律关系，**	《民法典》第448条沿用了《物权法》第231条的规定，债权人留置的动产，应当与债权属于同一法律关系，但是企业之间留置的除外。 留置权的核心在于同一法律关系。留置权人对留置财产的保值增值作了贡献，基于公平原则，当然享有优先受偿权，而不用考虑财产关系的归属。 作为例外企业之间的留置可以为非同一法律关系，俗称“商事留置”，主要考虑的就是企业之间的经

担保相关规定	《担保制度司法解释》	解读
	债权人留置第三人的财产，第三人请求债权人返还留置财产的，人民法院应予支持。	营往来，有必要作出一定的限制。
	四、关于非典型担保	
《九民纪要》 66. 当事人订立的具有担保功能的合同，不存在法定无效情形的，应当认定有效。虽然合同约定的权利义务关系不属于物权法规定的典型担保类型，但是其担保功能应予肯定。	**第六十三条** 债权人与担保人订立担保合同，约定以法律、行政法规尚未规定可以担保的财产权利设立担保，当事人主张合同无效的，人民法院不予支持。**当事人未在法定的登记机构依法进行登记，主张该担保具有物权效力的，人民法院不予支持。**	本条与《九民纪要》第66条一脉相承，认可非典型担保的合同效力。但若欠缺相关公示程序，基于物权法定原则，不发生物权效力。
	第六十四条　在所有权保留买卖中，出卖人依法有权取回标的物，但是与买受人协商不成，当事人请求参照民事诉讼法"实现担保物权案件"的有关规定，拍卖、变卖标的物的，人民法院应予准许。 **出卖人请求取回标的物，符合民法典第六百四十二条规定的，人民法院应予支持；买受人以抗辩或者反诉的方式主张拍卖、变卖标的物，并在扣除买受人未支付的价款以及必要费用后返还剩余款项的，人民法院应当一并处理。**	《民法典》第642条规定了所有权保留买卖合同中出卖人的取回权，出卖人可以依法行使取回权。本条还规定了两种例外情形： (1) 出卖人与买受人协商不成的，可以请求参照民事诉讼法"实现担保物权案件"的有关规定，拍卖、变卖标的物。 (2) 买受人以抗辩或者反诉的方式主张拍卖、变卖标的物，并在扣除买受人未支付的价款以及必要费用后返还剩余款项。

担保相关规定	《担保制度司法解释》	解读
	第六十五条　在融资租赁合同中，承租人未按照约定支付租金，经催告后在合理期限内仍不支付，出租人请求承租人支付全部剩余租金，并以拍卖、变卖租赁物所得的价款受偿的，人民法院应予支持；当事人请求参照民事诉讼法“实现担保物权案件”的有关规定，以拍卖、变卖租赁物所得价款支付租金的，人民法院应予准许。 出租人请求解除融资租赁合同并收回租赁物，承租人以抗辩或者反诉的方式主张返还租赁物价值超过欠付租金以及其他费用的，人民法院应当一并处理。当事人对租赁物的价值有争议的，应当按照下列规则确定租赁物的价值： （一）融资租赁合同有约定的，按照其约定； （二）融资租赁合同未约定或者约定不明的，根据约定的租赁物折旧以及合同到期后租赁物的残值来确定； （三）根据前两项规定的方法仍然难以确定，或者当事人认为根据前两项规定的方法确定的价值严重偏离租赁物实际价值的，根据当事人的申请委托有资质的机构评估。	本条将融资租赁合同作为非典型担保合同的效力予以完善。

担保相关规定	《担保制度司法解释》	解读
	第六十六条　同一应收账款同时存在保理、应收账款质押和债权转让，当事人主张参照民法典第七百六十八条的规定确定优先顺序的，人民法院应予支持。 **在有追索权的保理中，保理人以应收账款债权人或者应收账款债务人为被告提起诉讼，人民法院应予受理；保理人一并起诉应收账款债权人和应收账款债务人的，人民法院可以受理。** **应收账款债权人向保理人返还保理融资款本息或者回购应收账款债权后，请求应收账款债务人向其履行应收账款债务的，人民法院应予支持。**	《民法典》新增了“保理合同”这类有名合同，本条旨在回应保理合同优先顺序等相关问题。
	第六十七条　在所有权保留买卖、融资租赁等合同中，出卖人、出租人的所有权未经登记不得对抗的“善意第三人”的范围及其效力，参照本解释第五十四条的规定处理。	遵照“同类同样处理、类似案件比照处理”的原则，非典型担保参照类似的典型担保处理。
《九民纪要》 71. 债务人或者第三人与债权人**订立合同**，约定将财产形式上**转让**至债权人名下，**债务人到期清偿债务，债权人将该财产返还给债务人或第三人**，债务人到期没有清偿债务，债权人**可以**对财产拍卖、变卖、折价偿还债权的，人	**第六十八条**　债务人或者第三人与债权人约定将财产形式上**转移**至债权人名下，债务人不履行到期债务，债权人**有权**对财产折价或者以拍卖、变卖该财产所得价款偿还债务的，人民法院应当认定该约定有效。**当事人已经完成财产权利变动的公示，**	本条吸收了《九民纪要》第71条让与担保的内容，并予以进一步完善。让与担保也是非典型担保的一种，因其具有融资灵活、交易成本低、第三人阻碍债权实现的可能性较小等优势，在实务中扮演重要角色。 其核心主要涉及以下几点：

担保相关规定	《担保制度司法解释》	解读
民法院应当认定**合同**有效。合同如果约定债务人到期没有清偿债务，财产归债权人所有的，人民法院应当认定该**部分**约定无效，但不影响**合同其他部分**的效力。 当事人根据上述合同约定，已经完成财产权利变动的公示方式转让至债权人名下，债务人到期没有清偿债务，债权人请求**确认财产归其所有**的，人民法院不予支持，但债权人请求参照法律关于担保物权的规定对财产拍卖、变卖、折价优先偿还其债权的，人民法院依法予以支持。债务人因到期没有清偿债务，请求对该财产拍卖、变卖、折价偿还所欠债权人合同项下债务的，人民法院亦应依法予以支持。	**债务人不履行到期债务，债权人请求参照民法典关于担保物权的有关规定就该财产优先受偿的，人民法院应予支持。** 债务人或者第三人与债权人约定将财产形式上转移至债权人名下，债务人不履行到期债务，财产归债权人所有的，人民法院应当认定该约定无效，但是不影响**当事人有关提供担保的意思表示**的效力。当事人已经完成财产权利变动的公示，债务人不履行到期债务，债权人请求**对该财产享有所有权**的，人民法院不予支持；债权人请求参照民法典关于担保物权的规定对财产折价或者以拍卖、变卖该财产所得的价款优先受偿的，人民法院应予支持；债务人履行债务后请求返还财产，或者请求对财产折价或者以拍卖、变卖所得的价款清偿债务的，人民法院应予支持。 **债务人与债权人约定将财产转移至债权人名下，在一定期间后再由债务人或者其指定的第三人以交易本金加上溢价款回购，债务人到期不履行回购义务，财产归债权人所有的，人民法院应当参照第二款规定处理。回购对象自始不存在的，人民法院应当依**	(1) 事前归属型让与担保条款无效。因其构成流质流押，而法律明确禁止流质流押，以避免债权人利用债务人之急迫而滥用其优势地位，通过压低担保物价值的方式获取暴利。因此，双方如在让与担保合同中约定，债务人不履行到期债务，财产归债权人所有的，该约定无效。对于当事人约定将财产转移至债权人名下，在一定期间后再由债务人或指定第三人以交易本金加溢价款回购，债务人到期不履行回购义务，财产归债权人所有的，该约定本质上与事前归属型让与担保性质相同，也参照事前归属型让与担保的规则处理。 (2) 事前归属型让与担保无效不影响当事人提供担保的意思表示效力。债务人可在履行债务后请求返还财产，或者请求对财产折价或者以拍卖、变卖所得价款清偿债务。 (3) 清算型让与担保有效。当事人约定债务人未清偿到期债务时，通过清算方式实现债权，即通过拍卖、变卖的方式，当为有效。

担保相关规定	《担保制度司法解释》	解读
	照民法典第一百四十六条第二款的规定，按照其实际构成的法律关系处理。	(4) 无论是事前归属型还是清算型让与担保，在债权人已完成财产权利变动公示，财产形式上已转移至债权人名下的情况下，让与担保即具有物权效力。以转移所有权的方式公示担保物权，并将让与担保认定为担保物权并不损害第三人的信赖，因此债权人对担保标的物享有优先受偿权。
《最高人民法院关于适用〈中华人民共和国公司法〉若干问题的规定(三)》(2020年修正) **第十八条**　有限责任公司的股东未履行或者未全面履行出资义务即转让股权，受让人对此知道或者应当知道，**公司请求该股东履行出资义务、受让人对此承担连带责任的，人民法院应予支持；**公司债权人依照本规定第十三条第二款向该股东提起诉讼，同时请求前述受让人对此承担连带责任的，人民法院应予支持。 受让人根据前款规定承担责任后，向该未履行或者未全面履行出资义务的股东追偿的，人民法院应予支持。但是，当事人另有约定的除外。	**第六十九条　股东以将其股权转移至债权人名下的方式为债务履行提供担保，公司或者公司的债权人以股东未履行或者未全面履行出资义务、抽逃出资等为由，请求作为名义股东的债权人与股东承担连带责任的，人民法院不予支持。**	本条规定的是股权转让式的非典型担保。股权转让是形式，担保是目的，所以不同于《最高人民法院关于适用〈中华人民共和国公司法〉若干问题的规定（三)》第18条规定的股权转让，不受相关连带责任的约束。 股权让与担保，因需要区分股权受让人与公司及外部第三人的法律关系，其对抗效力更为复杂。在股权让与担保的情况下，股权受让人仅仅是名义上受让公司股权，其不具有股东身份，仅为担保权人，不享有与股东身份有关的表决、分红等权利。因此，股权受让人不负有出资义务和清算义务，也不对公司债务承担法律责任。

担保相关规定	《担保制度司法解释》	解读
《担保法司法解释》 **第八十五条** 债务人或者第三人将其金钱以特户、封金、保证金等形式特定化后，**移交债权人占有**作为债权的担保，债务人不履行债务时，债权人可以以该金钱优先受偿。 **第一百一十八条 当事人交付留置金、担保金、保证金、订约金、押金或者订金等，但没有约定定金性质的，当事人主张定金权利的，人民法院不予支持。**	**第七十条** 债务人或者第三人为担保债务的履行，设立专门的保证金账户并**由债权人实际控制，或者将其资金存入债权人设立的保证金账户**，债权人主张就账户内的款项优先受偿的，人民法院应予支持。**当事人以保证金账户内的款项浮动为由，主张实际控制该账户的债权人对账户内的款项不享有优先受偿权的，人民法院不予支持。** **在银行账户下设立的保证金分户，参照前款规定处理。** **当事人约定的保证金并非为担保债务的履行设立，或者不符合前两款规定的情形，债权人主张就保证金优先受偿的，人民法院不予支持，但是不影响当事人依照法律的规定或者按照当事人的约定主张权利。**	保证金账户这类非典型担保需要特定化，本条解决的就是保证金账户特定化的问题，保证金账户特定化不等同于账户内款项的固定化。
	五、附则	
	第七十一条 本解释自2021年1月1日起施行。	施行时间与民法典施行时间一致。

《最高人民法院关于适用〈中华人民共和国民法典〉物权编的解释（一）》条文对比与解读

《物权法司法解释（一）》①	《物权编司法解释（一）》②	解读
为正确审理物权纠纷案件，根据《中华人民共和国物权法》的相关规定，结合民事审判实践，制定本解释。	为正确审理物权纠纷案件，根据《中华人民共和国民法典》等相关法律规定，结合审判实践，制定本解释。	
第一条 因不动产物权的归属，以及作为不动产物权登记基础的买卖、赠与、抵押等产生争议，当事人提起民事诉讼的，应当依法受理。当事人已经在行政诉讼中申请一并解决上述民事争议，且人民法院一并审理的除外。	**第一条** 因不动产物权的归属，以及作为不动产物权登记基础的买卖、赠与、抵押等产生争议，当事人提起民事诉讼的，应当依法受理。当事人已经在行政诉讼中申请一并解决上述民事争议，且人民法院一并审理的除外。	
第二条 当事人有证据证明不动产登记簿的记载与真实权利状态不符、其为该不动产物权的真实权利人，请求确认其享有物权的，应予支持。	**第二条** 当事人有证据证明不动产登记簿的记载与真实权利状态不符、其为该不动产物权的真实权利人，请求确认其享有物权的，应予支持。	
第三条 异议登记因**物权法第十九条第二款**规定的事由失效后，当事人提起民事诉讼，请求确认物权归属的，应当依法受理。异议登记失效不影响人民法院对案件的实体审理。	**第三条** 异议登记因**民法典第二百二十条第二款**规定的事由失效后，当事人提起民事诉讼，请求确认物权归属的，应当依法受理。异议登记失效不影响人民法院对案件的实体审理。	文字性修改。

① 《最高人民法院关于适用〈中华人民共和国物权法〉若干问题的解释（一）》以下简称《物权法司法解释（一）》。

② 《最高人民法院关于适用〈中华人民共和国民法典〉物权编的解释（一）》以下简称《物权编司法解释（一）》。

《物权法司法解释（一）》	《物权编司法解释（一）》	解读
第四条 未经预告登记的权利人同意，**转移**不动产所有权，或者**设定**建设用地使用权、地役权、抵押权等其他物权的，应当依照**物权法第二十条第一款**的规定，认定其不发生物权效力。	**第四条** 未经预告登记的权利人同意，**转让**不动产所有权**等物权**，或者**设立**建设用地使用权、**居住权**、地役权、抵押权等其他物权的，应当依照**民法典第二百二十一条第一款**的规定，认定其不发生物权效力。	转让物权类型中增加“居住权”。
第五条 买卖不动产物权的协议被认定无效、被撤销**、被解除**，或者预告登记的权利人放弃债权的，应当认定为**物权法第二十条第二款**所称的“债权消灭”。	**第五条** **预告登记的**买卖不动产物权的协议被认定无效、被撤销，或者预告登记的权利人放弃债权的，应当认定为**民法典第二百二十一条第二款**所称的“债权消灭”。	文字性修改。
第六条 转让人转移船舶、航空器和机动车等所有权，受让人已经支付**对价**并取得占有，虽未经登记，但转让人的债权人主张其为**物权法第二十四条**所称的“善意第三人”的，不予支持，法律另有规定的除外。	**第六条** 转让人转让船舶、航空器和机动车等所有权，受让人已经支付**合理价款**并取得占有，虽未经登记，但转让人的债权人主张其为**民法典第二百二十五条**所称的“善意第三人”的，不予支持，法律另有规定的除外。	文字性修改。
第七条 人民法院、仲裁**委员会**在分割共有不动产或者动产等案件中作出并依法生效的改变原有物权关系的判决书、裁决书、调解书，以及人民法院在执行程序中作出的拍卖成交裁定书、以物抵债裁定书，应当认定为**物权法第二十八条**所称导致物权设立、变更、转让或者消灭的人民法院、仲裁**委员会**的法律文书。	**第七条** 人民法院、仲裁**机构**在分割共有不动产或者动产等案件中作出并依法生效的改变原有物权关系的判决书、裁决书、调解书，以及人民法院在执行程序中作出的拍卖成交裁定书、**变卖成交裁定书**、以物抵债裁定书，应当认定为**民法典第二百二十九条**所称导致物权设立、变更、转让或者消灭的人民法院、仲裁**机构**的法律文书。	新增文书类型“变卖成交裁定书”。
第八条 **依照物权法第二十八条至第三十条**规定享有物权，但尚未完成动产交付或者不动产登记的**物权人**，**根据物权法第三十四条至第三十七条**的规定，请求保护其物权的，应予支持。	**第八条** **依据民法典第二百二十九条至第二百三十一条**规定享有物权，但尚未完成动产交付或者不动产登记的**权利人**，**依据民法典第二百三十五条至第二百三十八条**的规定，请求保护其物权的，应予支持。	文字性修改。

《物权法司法解释（一）》	《物权编司法解释（一）》	解读
第九条 共有份额的权利主体因继承、遗赠等原因发生变化时，其他按份共有人主张优先购买的，不予支持，但按份共有人之间另有约定的除外。	**第九条** 共有份额的权利主体因继承、遗赠等原因发生变化时，其他按份共有人主张优先购买的，不予支持，但按份共有人之间另有约定的除外。	
第十条 物权法第一百零一条所称的“同等条件”，应当综合共有份额的转让价格、价款履行方式及期限等因素确定。	**第十条 民法典第三百零五条**所称的“同等条件”，应当综合共有份额的转让价格、价款履行方式及期限等因素确定。	文字性修改。
第十一条 优先购买权的行使期间，按份共有人之间有约定的，按照约定处理；没有约定或者约定不明的，按照下列情形确定： （一）转让人向其他按份共有人发出的包含同等条件内容的通知中载明行使期间的，以该期间为准； （二）通知中未载明行使期间，或者载明的期间短于通知送达之日起十五日的，为十五日； （三）转让人未通知的，为其他按份共有人知道或者应当知道最终确定的同等条件之日起十五日； （四）转让人未通知，且无法确定其他按份共有人知道或者应当知道最终确定的同等条件的，为共有份额权属转移之日起六个月。	**第十一条** 优先购买权的行使期间，按份共有人之间有约定的，按照约定处理；没有约定或者约定不明的，按照下列情形确定： （一）转让人向其他按份共有人发出的包含同等条件内容的通知中载明行使期间的，以该期间为准； （二）通知中未载明行使期间，或者载明的期间短于通知送达之日起十五日的，为十五日； （三）转让人未通知的，为其他按份共有人知道或者应当知道最终确定的同等条件之日起十五日； （四）转让人未通知，且无法确定其他按份共有人知道或者应当知道最终确定的同等条件的，为共有份额权属转移之日起六个月。	
第十二条 按份共有人向共有人之外的人转让其份额，其他按份共有人根据法律、司法解释规定，请求按照同等条件购买该共有份额的，应予支持。 其他按份共有人的请求具有下列情形之一的，不予支持：	**第十二条** 按份共有人向共有人之外的人转让其份额，其他按份共有人根据法律、司法解释规定，请求按照同等条件**优先**购买该共有份额的，应予支持。其他按份共有人的请求具有下列情形之一的，不予支持：	文字性修改。

《物权法司法解释（一）》	《物权编司法解释（一）》	解读
（一）未在本解释第十一条规定的期间内主张优先购买，或者虽主张优先购买，但提出减少转让价款、增加转让人负担等实质性变更要求； （二）以其优先购买权受到侵害为由，仅请求撤销共有份额转让合同或者认定该合同无效。	（一）未在本解释第十一条规定的期间内主张优先购买，或者虽主张优先购买，但提出减少转让价款、增加转让人负担等实质性变更要求； （二）以其优先购买权受到侵害为由，仅请求撤销共有份额转让合同或者认定该合同无效。	
第十三条　按份共有人之间转让共有份额，其他按份共有人主张**根据物权法第一百零一条**规定优先购买的，不予支持，但按份共有人之间另有约定的除外。	**第十三条**　按份共有人之间转让共有份额，其他按份共有人主张**依据民法典第三百零五条**规定优先购买的，不予支持，但按份共有人之间另有约定的除外。	文字性修改。
第十四条　两个以上按份共有人主张优先购买且协商不成时，请求按照转让时各自份额比例行使优先购买权的，应予支持。		此条被编入《民法典》第306条。
第十五条　受让人受让不动产或者动产时，不知道转让人无处分权，且无重大过失的，应当认定受让人为善意。 真实权利人主张受让人不构成善意的，应当承担举证证明责任。	**第十四条**　受让人受让不动产或者动产时，不知道转让人无处分权，且无重大过失的，应当认定受让人为善意。 真实权利人主张受让人不构成善意的，应当承担举证证明责任。	
第十六条　具有下列情形之一的，应当认定不动产受让人知道转让人无处分权： （一）登记簿上存在有效的异议登记； （二）预告登记有效期内，未经预告登记的权利人同意； （三）登记簿上已经记载司法机关或者行政机关依法裁定、决定查封或者以其他形式限制不动产权利的有关事项； （四）受让人知道登记簿上记载的权利主体错误；	**第十五条**　具有下列情形之一的，应当认定不动产受让人知道转让人无处分权： （一）登记簿上存在有效的异议登记； （二）预告登记有效期内，未经预告登记的权利人同意； （三）登记簿上已经记载司法机关或者行政机关依法裁定、决定查封或者以其他形式限制不动产权利的有关事项； （四）受让人知道登记簿上记载的权利主体错误；	

《物权法司法解释（一）》	《物权编司法解释（一）》	解读
（五）受让人知道他人已经依法享有不动产物权。 真实权利人有证据证明不动产受让人应当知道转让人无处分权的，应当认定受让人具有重大过失。	（五）受让人知道他人已经依法享有不动产物权。 真实权利人有证据证明不动产受让人应当知道转让人无处分权的，应当认定受让人具有重大过失。	
第十七条 受让人受让动产时，交易的对象、场所或者时机等不符合交易习惯的，应当认定受让人具有重大过失。	**第十六条** 受让人受让动产时，交易的对象、场所或者时机等不符合交易习惯的，应当认定受让人具有重大过失。	
第十八条 物权法第一百零六条第一款第一项所称的“受让人受让该不动产或者动产时”，是指依法完成不动产物权转移登记或者动产交付之时。 当事人以**物权法第二十五条**规定的方式交付动产的，转让动产法律行为生效时为动产交付之时；当事人以**物权法第二十六条**规定的方式交付动产的，转让人与受让人之间有关转让返还原物请求权的协议生效时为动产交付之时。 法律对不动产、动产物权的设立另有规定的，应当按照法律规定的时间认定权利人是否为善意。	**第十七条 民法典第三百一十一条第一款第一项**所称的“受让人受让该不动产或者动产时”，是指依法完成不动产物权转移登记或者动产交付之时。 当事人以**民法典第二百二十六条**规定的方式交付动产的，转让动产民事法律行为生效时为动产交付之时；当事人以**民法典第二百二十七条**规定的方式交付动产的，转让人与受让人之间有关转让返还原物请求权的协议生效时为动产交付之时。 法律对不动产、动产物权的设立另有规定的，应当按照法律规定的时间认定权利人是否为善意。	文字性修改。
第十九条 物权法第一百零六条第一款第二项所称“合理的价格”，应当根据转让标的物的性质、数量以及付款方式等具体情况，参考转让时交易地市场价格以及交易习惯等因素综合认定。	**第十八条 民法典第三百一十一条第一款第二项**所称“合理的价格”，应当根据转让标的物的性质、数量以及付款方式等具体情况，参考转让时交易地市场价格以及交易习惯等因素综合认定。	文字性修改。

《物权法司法解释（一）》	《物权编司法解释（一）》	解读
第二十条 转让人将**物权法第二十四条**规定的船舶、航空器和机动车等交付给受让人的，应当认定符合**物权法第一百零六条第一款第三项**规定的善意取得的条件。	**第十九条** 转让人将**民法典第二百二十五条**规定的船舶、航空器和机动车等交付给受让人的，应当认定符合**民法典第三百一十一条第一款第三项**规定的善意取得的条件。	文字性修改。
第二十一条 具有下列情形之一，受让人主张**根据物权法第一百零六条**规定取得所有权的，不予支持： （一）转让合同**因违反合同法第五十二条规定**被认定无效； （二）转让合同**因受让人存在欺诈、胁迫或者乘人之危等法定事由**被撤销。	**第二十条** 具有下列情形之一，受让人主张**依据民法典第三百一十一条**规定取得所有权的，不予支持： （一）转让合同被认定无效； （二）转让合同被撤销。	文字性修改。
第二十二条 本解释自2016**年**3**月**1**日起施行。** **本解释施行后人民法院新受理的一审案件，适用本解释。** **本解释施行前人民法院已经受理、施行后尚未审结的一审、二审案件，以及本解释施行前已经终审、施行后当事人申请再审或者按照审判监督程序决定再审的案件，不适用本解释。**	**第二十一条 本解释自**2021**年**1**月**1**日起施行。**	施行时间与民法典施行时间一致。

《最高人民法院关于审理建设工程施工合同纠纷案件适用法律问题的解释（一）》条文对比与解读

建设工程合同纠纷解释[1]	2020年《建设工程合同纠纷解释（一）》[2]	解读
	为正确审理建设工程施工合同纠纷案件，依法保护当事人合法权益，维护建筑市场秩序，促进建筑市场健康发展，根据《中华人民共和国民法典》《中华人民共和国建筑法》《中华人民共和国招标投标法》《中华人民共和国民事诉讼法》等相关法律规定，结合审判实践，制定本解释。	
《建设工程合同纠纷解释》 **第一条** 建设工程施工合同具有下列情形之一的，应当**根据合同法第五十二条第（五）项**的规定，认定无效： （一）承包人未取得建筑**施**工企业资质或者超越资质等级的； （二）没有资质的实际施工人借用有资质的建筑施工企业名义的； （三）建设工程必须进行招标而未招标或者中标无效的。	**第一条** 建设工程施工合同具有下列情形之一的，应当**依据民法典第一百五十三条第一款**的规定，认定无效： （一）承包人未取得建筑**业**企业资质或者超越资质等级的； （二）没有资质的实际施工人借用有资质的建筑施工企业名义的； （三）建设工程必须进行招标而未招标或者中标无效的。	《建设工程合同纠纷解释》第1条、第4条合并成本条，并作了相应调整。

① 《最高人民法院关于审理建设工程施工合同纠纷案件适用法律问题的解释》以下简称《建设工程合同纠纷解释》；《最高人民法院关于审理建设工程施工合同纠纷案件适用法律问题的解释（二）》以下简称《建设工程合同纠纷解释（二）》。

② 《最高人民法院关于审理建设工程施工合同纠纷案件适用法律问题的解释（一）》以下简称2020年《建设工程合同纠纷解释（一）》。

建设工程合同纠纷解释	2020 年《建设工程合同纠纷解释（一）》	解读
第四条 承包人**非法**转包、违法分包建设工程**或者没有资质的实际施工人借用有资质的建筑施工企业名义与他人签订建设工程施工合同的行为无效。人民法院可以根据民法通则第一百三十四条规定，收缴当事人已经取得的非法所得。**	承包人**因**转包、违法分包建设工程**与他人签订的建设工程施工合同，应当依据民法典第一百五十三条第一款及第七百九十一条第二款、第三款的规定，认定无效。**	文字性修改。
《建设工程合同纠纷解释(二)》 **第一条** 招标人和中标人另行签订的建设工程施工合同约定的工程范围、建设工期、工程质量、工程价款等实质性内容，与中标合同不一致，一方当事人请求按照中标合同确定权利义务的，人民法院应予支持。 招标人和中标人在中标合同之外就明显高于市场价格购买承建房产、无偿建设住房配套设施、让利、向建设单位捐赠财物等另行签订合同，变相降低工程价款，一方当事人以该合同背离中标合同实质性内容为由请求确认无效的，人民法院应予支持。	**第二条** 招标人和中标人另行签订的建设工程施工合同约定的工程范围、建设工期、工程质量、工程价款等实质性内容，与中标合同不一致，一方当事人请求按照中标合同确定权利义务的，人民法院应予支持。 招标人和中标人在中标合同之外就明显高于市场价格购买承建房产、无偿建设住房配套设施、让利、向建设单位捐赠财物等另行签订合同，变相降低工程价款，一方当事人以该合同背离中标合同实质性内容为由请求确认无效的，人民法院应予支持。	
《建设工程合同纠纷解释(二)》 **第二条** 当事人以发包人未取得建设工程规划许可证等规划审批手续为由，请求确认建设工程施工合同无效的，人民法院应予支持，但发包人在起诉前取得建设工程规划许可证等规划审批手续的除外。 发包人能够办理审批手续而未办理，并以未办理审批手续为由请求确认建设工程施工合同无效的，人民法院不予支持。	**第三条** 当事人以发包人未取得建设工程规划许可证等规划审批手续为由，请求确认建设工程施工合同无效的，人民法院应予支持，但发包人在起诉前取得建设工程规划许可证等规划审批手续的除外。 发包人能够办理审批手续而未办理，并以未办理审批手续为由请求确认建设工程施工合同无效的，人民法院不予支持。	

建设工程合同纠纷解释	2020 年《建设工程合同纠纷解释（一）》	解读
《建设工程合同纠纷解释》 **第五条** 承包人超越资质等级许可的业务范围签订建设工程施工合同，在建设工程竣工前取得相应资质等级，当事人请求按照无效合同处理的，不予支持。	**第四条** 承包人超越资质等级许可的业务范围签订建设工程施工合同，在建设工程竣工前取得相应资质等级，当事人请求按照无效合同处理的，人民法院不予支持。	
《建设工程合同纠纷解释》 **第七条** 具有劳务作业法定资质的承包人与总承包人、分包人签订的劳务分包合同，当事人**以转包建设工程违反法律规定为由**请求确认无效的，不予支持。	**第五条** 具有劳务作业法定资质的承包人与总承包人、分包人签订的劳务分包合同，当事人请求确认无效的，人民法院依法不予支持。	删除“以转包建设工程违反法律规定为由”。
《建设工程合同纠纷解释(二)》 **第三条** 建设工程施工合同无效，一方当事人请求对方赔偿损失的，应当就对方过错、损失大小、过错与损失之间的因果关系承担举证责任。 损失大小无法确定，一方当事人请求参照合同约定的质量标准、建设工期、工程价款支付时间等内容确定损失大小的，人民法院可以结合双方过错程度、过错与损失之间的因果关系等因素作出裁判。	**第六条** 建设工程施工合同无效，一方当事人请求对方赔偿损失的，应当就对方过错、损失大小、过错与损失之间的因果关系承担举证责任。 损失大小无法确定，一方当事人请求参照合同约定的质量标准、建设工期、工程价款支付时间等内容确定损失大小的，人民法院可以结合双方过错程度、过错与损失之间的因果关系等因素作出裁判。	
《建设工程合同纠纷解释(二)》 **第四条** 缺乏资质的单位或者个人借用有资质的建筑施工企业名义签订建设工程施工合同，发包人请求出借方与借用方对建设工程质量不合格等因出借资质造成的损失承担连带赔偿责任的，人民法院应予支持。	**第七条** 缺乏资质的单位或者个人借用有资质的建筑施工企业名义签订建设工程施工合同，发包人请求出借方与借用方对建设工程质量不合格等因出借资质造成的损失承担连带赔偿责任的，人民法院应予支持。	

建设工程合同纠纷解释	2020 年《建设工程合同纠纷解释（一）》	解读
《建设工程合同纠纷解释(二)》 **第五条** 当事人对建设工程开工日期有争议的，人民法院应当分别按照以下情形予以认定： （一）开工日期为发包人或者监理人发出的开工通知载明的开工日期；开工通知发出后，尚不具备开工条件的，以开工条件具备的时间为开工日期；因承包人原因导致开工时间推迟的，以开工通知载明的时间为开工日期。 （二）承包人经发包人同意已经实际进场施工的，以实际进场施工时间为开工日期。 （三）发包人或者监理人未发出开工通知，亦无相关证据证明实际开工日期的，应当综合考虑开工报告、合同、施工许可证、竣工验收报告或者竣工验收备案表等载明的时间，并结合是否具备开工条件的事实，认定开工日期。	**第八条** 当事人对建设工程开工日期有争议的，人民法院应当分别按照以下情形予以认定： （一）开工日期为发包人或者监理人发出的开工通知载明的开工日期；开工通知发出后，尚不具备开工条件的，以开工条件具备的时间为开工日期；因承包人原因导致开工时间推迟的，以开工通知载明的时间为开工日期。 （二）承包人经发包人同意已经实际进场施工的，以实际进场施工时间为开工日期。 （三）发包人或者监理人未发出开工通知，亦无相关证据证明实际开工日期的，应当综合考虑开工报告、合同、施工许可证、竣工验收报告或者竣工验收备案表等载明的时间，并结合是否具备开工条件的事实，认定开工日期。	
《建设工程合同纠纷解释》 **第十四条** 当事人对建设工程实际竣工日期有争议的，按照以下情形分别处理： （一）建设工程经竣工验收合格的，以竣工验收合格之日为竣工日期； （二）承包人已经提交竣工验收报告，发包人拖延验收的，以承包人提交验收报告之日为竣工日期； （三）建设工程未经竣工验收，发包人擅自使用的，以转移占有建设工程之日为竣工日期。	**第九条** 当事人对建设工程实际竣工日期有争议的，人民法院应当分别按照以下情形予以认定： （一）建设工程经竣工验收合格的，以竣工验收合格之日为竣工日期； （二）承包人已经提交竣工验收报告，发包人拖延验收的，以承包人提交验收报告之日为竣工日期； （三）建设工程未经竣工验收，发包人擅自使用的，以转移占有建设工程之日为竣工日期。	

建设工程合同纠纷解释	2020年《建设工程合同纠纷解释（一）》	解读
《建设工程合同纠纷解释(二)》 **第六条** 当事人约定顺延工期应当经发包人或者监理人签证等方式确认，承包人虽未取得工期顺延的确认，但能够证明在合同约定的期限内向发包人或者监理人申请过工期顺延且顺延事由符合合同约定，承包人以此为由主张工期顺延的，人民法院应予支持。 当事人约定承包人未在约定期限内提出工期顺延申请视为工期不顺延的，按照约定处理，但发包人在约定期限后同意工期顺延或者承包人提出合理抗辩的除外。	**第十条** 当事人约定顺延工期应当经发包人或者监理人签证等方式确认，承包人虽未取得工期顺延的确认，但能够证明在合同约定的期限内向发包人或者监理人申请过工期顺延且顺延事由符合合同约定，承包人以此为由主张工期顺延的，人民法院应予支持。 当事人约定承包人未在约定期限内提出工期顺延申请视为工期不顺延的，按照约定处理，但发包人在约定期限后同意工期顺延或者承包人提出合理抗辩的除外。	
《建设工程合同纠纷解释》 **第十五条** 建设工程竣工前，当事人对工程质量发生争议，工程质量经鉴定合格的，鉴定期间为顺延工期期间。	**第十一条** 建设工程竣工前，当事人对工程质量发生争议，工程质量经鉴定合格的，鉴定期间为顺延工期期间。	
《建设工程合同纠纷解释》 **第十一条** 因承包人的**过错**造成建设工程质量不符合约定，承包人拒绝修理、返工或者改建，发包人请求减少支付工程价款的，应予支持。	**第十二条** 因承包人的**原因**造成建设工程质量不符合约定，承包人拒绝修理、返工或者改建，发包人请求减少支付工程价款的，**人民法院**应予支持。	细微修改，将承包人的“过错”修改为“原因”，一定程度上扩大了承包人的责任范围。
《建设工程合同纠纷解释》 **第十二条** 发包人具有下列情形之一，造成建设工程质量缺陷，应当承担过错责任： （一）提供的设计有缺陷； （二）提供或者指定购买的建筑材料、建筑构配件、设备不符合强制性标准；	**第十三条** 发包人具有下列情形之一，造成建设工程质量缺陷，应当承担过错责任： （一）提供的设计有缺陷； （二）提供或者指定购买的建筑材料、建筑构配件、设备不符合强制性标准； （三）直接指定分包人分包	

建设工程合同纠纷解释	2020年《建设工程合同纠纷解释（一）》	解读
（三）直接指定分包人分包专业工程。 承包人有过错的，也应当承担相应的过错责任。	专业工程。 承包人有过错的，也应当承担相应的过错责任。	
《建设工程合同纠纷解释》 **第十三条** 建设工程未经竣工验收，发包人擅自使用后，又以使用部分质量不符合约定为由主张权利的，不予支持；但是承包人应当在建设工程的合理使用寿命内对地基基础工程和主体结构质量承担民事责任。	**第十四条** 建设工程未经竣工验收，发包人擅自使用后，又以使用部分质量不符合约定为由主张权利的，**人民法院**不予支持；但是承包人应当在建设工程的合理使用寿命内对地基基础工程和主体结构质量承担民事责任。	文字性修改。
《建设工程合同纠纷解释》 **第二十五条** 因建设工程质量发生争议的，发包人可以以总承包人、分包人和实际施工人为共同被告提起诉讼。	**第十五条** 因建设工程质量发生争议的，发包人可以以总承包人、分包人和实际施工人为共同被告提起诉讼。	
《建设工程合同纠纷解释(二)》 **第七条** 发包人在承包人提起的建设工程施工合同纠纷案件中，以建设工程质量不符合合同约定或者法律规定为由，就承包人支付违约金或者赔偿修理、返工、改建的合理费用等损失提出反诉的，人民法院可以合并审理。	**第十六条** 发包人在承包人提起的建设工程施工合同纠纷案件中，以建设工程质量不符合合同约定或者法律规定为由，就承包人支付违约金或者赔偿修理、返工、改建的合理费用等损失提出反诉的，人民法院可以合并审理。	
《建设工程合同纠纷解释(二)》 **第八条** 有下列情形之一，承包人请求发包人返还工程质量保证金的，人民法院应予支持： （一）当事人约定的工程质量保证金返还期限届满。 （二）当事人未约定工程质量保证金返还期限的，自建设工程通过竣工验收之日起满二年。	**第十七条** 有下列情形之一，承包人请求发包人返还工程质量保证金的，人民法院应予支持： （一）当事人约定的工程质量保证金返还期限届满； （二）当事人未约定工程质量保证金返还期限的，自建设工程通过竣工验收之日起满二年；	文字性修改。

建设工程合同纠纷解释	2020 年《建设工程合同纠纷解释（一）》	解读
（三）因发包人原因建设工程未按约定期限进行竣工验收的，自承包人提交工程竣工验收报告九十日后**起**当事人约定的工程质量保证金返还期限届满；当事人未约定工程质量保证金返还期限的，自承包人提交工程竣工验收报告九十日后起满二年。 发包人返还工程质量保证金后，不影响承包人根据合同约定或者法律规定履行工程保修义务。	（三）因发包人原因建设工程未按约定期限进行竣工验收的，自承包人提交工程竣工验收报告九十日后当事人约定的工程质量保证金返还期限届满；当事人未约定工程质量保证金返还期限的，自承包人提交工程竣工验收报告九十日后起满二年。 发包人返还工程质量保证金后，不影响承包人根据合同约定或者法律规定履行工程保修义务。	
《建设工程合同纠纷解释》 **第二十七条**　因保修人未及时履行保修义务，导致建筑物毁损或者造成人身、财产损害的，保修人应当承担赔偿责任。 保修人与建筑物所有人或者发包人对建筑物毁损均有过错的，各自承担相应的责任。	**第十八条**　因保修人未及时履行保修义务，导致建筑物毁损或者造成人身损害、财产**损失**的，保修人应当承担赔偿责任。 保修人与建筑物所有人或者发包人对建筑物毁损均有过错的，各自承担相应的责任。	文字性修改。
《建设工程合同纠纷解释》 **第十六条**　当事人对建设工程的计价标准或者计价方法有约定的，按照约定结算工程价款。 因设计变更导致建设工程的工程量或者质量标准发生变化，当事人对该部分工程价款不能协商一致的，可以参照签订建设工程施工合同时当地建设行政主管部门发布的计价方法或者计价标准结算工程价款。 建设工程施工合同有效，但建设工程经竣工验收不合格的，**工程价款结算参照本解释第三条**规定处理。	**第十九条**　当事人对建设工程的计价标准或者计价方法有约定的，按照约定结算工程价款。 因设计变更导致建设工程的工程量或者质量标准发生变化，当事人对该部分工程价款不能协商一致的，可以参照签订建设工程施工合同时当地建设行政主管部门发布的计价方法或者计价标准结算工程价款。 建设工程施工合同有效，但建设工程经竣工验收不合格的，**依照民法典第五百七十七条**规定处理。	文字性修改。

建设工程合同纠纷解释	2020年《建设工程合同纠纷解释（一）》	解读
《建设工程合同纠纷解释》 **第十九条** 当事人对工程量有争议的，按照施工过程中形成的签证等书面文件确认。承包人能够证明发包人同意其施工，但未能提供签证文件证明工程量发生的，可以按照当事人提供的其他证据确认实际发生的工程量。	**第二十条** 当事人对工程量有争议的，按照施工过程中形成的签证等书面文件确认。承包人能够证明发包人同意其施工，但未能提供签证文件证明工程量发生的，可以按照当事人提供的其他证据确认实际发生的工程量。	
《建设工程合同纠纷解释》 **第二十条** 当事人约定，发包人收到竣工结算文件后，在约定期限内不予答复，视为认可竣工结算文件的，按照约定处理。承包人请求按照竣工结算文件结算工程价款的，应予支持。	**第二十一条** 当事人约定，发包人收到竣工结算文件后，在约定期限内不予答复，视为认可竣工结算文件的，按照约定处理。承包人请求按照竣工结算文件结算工程价款的，**人民法院**应予支持。	文字性修改。
《建设工程合同纠纷解释(二)》 **第十条** 当事人签订的建设工程施工合同与招标文件、投标文件、中标通知书载明的工程范围、建设工期、工程质量、工程价款不一致，一方当事人请求将招标文件、投标文件、中标通知书作为结算工程价款的依据的，人民法院应予支持。	**第二十二条** 当事人签订的建设工程施工合同与招标文件、投标文件、中标通知书载明的工程范围、建设工期、工程质量、工程价款不一致，一方当事人请求将招标文件、投标文件、中标通知书作为结算工程价款的依据的，人民法院应予支持。	
《建设工程合同纠纷解释(二)》 **第九条** 发包人将依法不属于必须招标的建设工程进行招标后，与承包人另行订立的建设工程施工合同背离中标合同的实质性内容，当事人请求以中标合同作为结算建设工程价款依据的，人民法院应予支持，但发包人与承包人因客观情况发生了在招标投标时难以预见的变化而另行订立建设工程施工合同的除外。	**第二十三条** 发包人将依法不属于必须招标的建设工程进行招标后，与承包人另行订立的建设工程施工合同背离中标合同的实质性内容，当事人请求以中标合同作为结算建设工程价款依据的，人民法院应予支持，但发包人与承包人因客观情况发生了在招标投标时难以预见的变化而另行订立建设工程施工合同的除外。	

建设工程合同纠纷解释	2020 年《建设工程合同纠纷解释（一）》	解读
《建设工程合同纠纷解释(二)》 **第十一条** 当事人就同一建设工程订立的数份建设工程施工合同均无效，但建设工程质量合格，一方当事人请求参照实际履行的合同**结算建设工程价款**的，人民法院应予支持。 实际履行的合同难以确定，当事人请求参照最后签订的合同**结算建设工程价款**的，人民法院应予支持。	**第二十四条** 当事人就同一建设工程订立的数份建设工程施工合同均无效，但建设工程质量合格，一方当事人请求参照实际履行的合同**关于工程价款的约定折价补偿承包人**的，人民法院应予支持。 实际履行的合同难以确定，当事人请求参照最后签订的合同**关于工程价款的约定折价补偿承包人**的，人民法院应予支持。	文字性修改。
《建设工程合同纠纷解释》 **第六条** 当事人对垫资和垫资利息有约定，承包人请求按照约定返还垫资及其利息的，应予支持，但是约定的利息计算标准高于**中国人民银行发布**的同期同类贷款利率的部分除外。 当事人对垫资没有约定的，按照工程欠款处理。 当事人对垫资利息没有约定，承包人请求支付利息的，不予支持。	**第二十五条** 当事人对垫资和垫资利息有约定，承包人请求按照约定返还垫资及其利息的，**人民法院**应予支持，但是约定的利息计算标准高于**垫资时**的同类贷款利率或者同期贷款**市场报价**利率的部分除外。 当事人对垫资没有约定的，按照工程欠款处理。 当事人对垫资利息没有约定，承包人请求支付利息的，**人民法院**不予支持。	1. 文字性修改。 2. 根据最新利率政策修改了约定的利息计算标准过高的规定。
《建设工程合同纠纷解释》 **第十七条** 当事人对欠付工程价款利息计付标准有约定的，按照约定处理；没有约定的，按照**中国人民银行发布的**同期同类贷款利率计息。	**第二十六条** 当事人对欠付工程价款利息计付标准有约定的，按照约定处理。没有约定的，按照同期同类贷款利率**或者同期贷款市场报价利率**计息。	根据最新利率政策修改了利息计算参照标准，将原来的“中国人民银行发布的同期同类贷款利率”修改为“同期同类贷款利率或者同期贷款市场报价利率”。

建设工程合同纠纷解释	2020年《建设工程合同纠纷解释（一）》	解读
《建设工程合同纠纷解释》 **第十八条** 利息从应付工程价款之日计付。当事人对付款时间没有约定或者约定不明的，下列时间视为应付款时间： （一）建设工程已实际交付的，为交付之日； （二）建设工程没有交付的，为提交竣工结算文件之日； （三）建设工程未交付，工程价款也未结算的，为当事人起诉之日。	**第二十七条** 利息从应付工程价款之日**开始**计付。当事人对付款时间没有约定或者约定不明的，下列时间视为应付款时间： （一）建设工程已实际交付的，为交付之日； （二）建设工程没有交付的，为提交竣工结算文件之日； （三）建设工程未交付，工程价款也未结算的，为当事人起诉之日。	文字性修改。
《建设工程合同纠纷解释》 **第二十二条** 当事人约定按照固定价结算工程价款，一方当事人请求对建设工程造价进行鉴定的，不予支持。	**第二十八条** 当事人约定按照固定价结算工程价款，一方当事人请求对建设工程造价进行鉴定的，**人民法院**不予支持。	文字性修改。
《建设工程合同纠纷解释(二)》 **第十二条** 当事人在诉讼前已经对建设工程价款结算达成协议，诉讼中一方当事人申请对工程造价进行鉴定的，人民法院不予准许。	**第二十九条** 当事人在诉讼前已经对建设工程价款结算达成协议，诉讼中一方当事人申请对工程造价进行鉴定的，人民法院不予准许。	
《建设工程合同纠纷解释(二)》 **第十三条** 当事人在诉讼前共同委托有关机构、人员对建设工程造价出具咨询意见，诉讼中一方当事人不认可该咨询意见申请鉴定的，人民法院应予准许，但双方当事人明确表示受该咨询意见约束的除外。	**第三十条** 当事人在诉讼前共同委托有关机构、人员对建设工程造价出具咨询意见，诉讼中一方当事人不认可该咨询意见申请鉴定的，人民法院应予准许，但双方当事人明确表示受该咨询意见约束的除外。	
《建设工程合同纠纷解释》 **第二十三条** 当事人对部分案件事实有争议的，仅对有争议的事实进行鉴定，但争议事实范围不能确定，或者双方当事人请求对全部事实鉴定的除外。	**第三十一条** 当事人对部分案件事实有争议的，仅对有争议的事实进行鉴定，但争议事实范围不能确定，或者双方当事人请求对全部事实鉴定的除外。	

建设工程合同纠纷解释	2020 年《建设工程合同纠纷解释（一）》	解读
《建设工程合同纠纷解释(二)》 **第十四条**　当事人对工程造价、质量、修复费用等专门性问题有争议，人民法院认为需要鉴定的，应当向负有举证责任的当事人释明。当事人经释明未申请鉴定，虽申请鉴定但未支付鉴定费用或者拒不提供相关材料的，应当承担举证不能的法律后果。 一审诉讼中负有举证责任的当事人未申请鉴定，虽申请鉴定但未支付鉴定费用或者拒不提供相关材料，二审诉讼中申请鉴定，人民法院认为确有必要的，应当依照民事诉讼法第一百七十条第一款第三项的规定处理。	**第三十二条**　当事人对工程造价、质量、修复费用等专门性问题有争议，人民法院认为需要鉴定的，应当向负有举证责任的当事人释明。当事人经释明未申请鉴定，虽申请鉴定但未支付鉴定费用或者拒不提供相关材料的，应当承担举证不能的法律后果。 一审诉讼中负有举证责任的当事人未申请鉴定，虽申请鉴定但未支付鉴定费用或者拒不提供相关材料，二审诉讼中申请鉴定，人民法院认为确有必要的，应当依照民事诉讼法第一百七十条第一款第三项的规定处理。	
《建设工程合同纠纷解释(二)》 **第十五条**　人民法院准许当事人的鉴定申请后，应当根据当事人申请及查明案件事实的需要，确定委托鉴定的事项、范围、鉴定期限等，并组织双方当事人对争议的鉴定材料进行质证。	**第三十三条**　人民法院准许当事人的鉴定申请后，应当根据当事人申请及查明案件事实的需要，确定委托鉴定的事项、范围、鉴定期限等，并组织当事人对争议的鉴定材料进行质证。	
《建设工程合同纠纷解释(二)》 **第十六条**　人民法院应当组织当事人对鉴定意见进行质证。鉴定人将当事人有争议且未经质证的材料作为鉴定依据的，人民法院应当组织当事人就该部分材料进行质证。经质证认为不能作为鉴定依据的，根据该材料作出的鉴定意见不得作为认定案件事实的依据。	**第三十四条**　人民法院应当组织当事人对鉴定意见进行质证。鉴定人将当事人有争议且未经质证的材料作为鉴定依据的，人民法院应当组织当事人就该部分材料进行质证。经质证认为不能作为鉴定依据的，根据该材料作出的鉴定意见不得作为认定案件事实的依据。	

建设工程合同纠纷解释	2020 年《建设工程合同纠纷解释（一）》	解读
《建设工程合同纠纷解释(二)》第十七条 与发包人订立建设工程施工合同的承包人，**根据合同法第二百八十六条**规定请求其承建工程的价款就工程折价或者拍卖的价款优先受偿的，人民法院应予支持。	**第三十五条** 与发包人订立建设工程施工合同的承包人，**依据民法典第八百零七条的**规定请求其承建工程的价款就工程折价或者拍卖的价款优先受偿的，人民法院应予支持。	文字性修改。
	第三十六条 承包人根据民法典第八百零七条规定享有的建设工程价款优先受偿权优于抵押权和其他债权。	新增内容：规定了优先受偿权优于抵押权和其他债权。
《建设工程合同纠纷解释(二)》第十八条 装饰装修工程的承包人，请求装饰装修工程价款就该装饰装修工程折价或者拍卖的价款优先受偿的，人民法院应予支持，**但装饰装修工程的发包人不是该建筑物的所有权人的除外。**	**第三十七条 装饰装修工程具备折价或者拍卖条件，**装饰装修工程的承包人请求工程价款就该装饰装修工程折价或者拍卖的价款优先受偿的，人民法院应予支持。	新增了优先受偿的前提条件“装修装饰工程具备折价或者拍卖条件”；同时删去了发包人不是所有权人的除外条款。
《建设工程合同纠纷解释(二)》第十九条 建设工程质量合格，承包人请求其承建工程的价款就工程折价或者拍卖的价款优先受偿的，人民法院应予支持。	**第三十八条** 建设工程质量合格，承包人请求其承建工程的价款就工程折价或者拍卖的价款优先受偿的，人民法院应予支持。	
《建设工程合同纠纷解释(二)》第二十条 未竣工的建设工程质量合格，承包人请求其承建工程的价款就其承建工程部分折价或者拍卖的价款优先受偿的，人民法院应予支持。	**第三十九条** 未竣工的建设工程质量合格，承包人请求其承建工程的价款就其承建工程部分折价或者拍卖的价款优先受偿的，人民法院应予支持。	

建设工程合同纠纷解释	2020年《建设工程合同纠纷解释（一）》	解读
《建设工程合同纠纷解释(二)》 **第二十一条**　承包人建设工程价款优先受偿的范围依照国务院有关行政主管部门关于建设工程价款范围的规定确定。 承包人就逾期支付建设工程价款的利息、违约金、损害赔偿金等主张优先受偿的，人民法院不予支持。	**第四十条**　承包人建设工程价款优先受偿的范围依照国务院有关行政主管部门关于建设工程价款范围的规定确定。 承包人就逾期支付建设工程价款的利息、违约金、损害赔偿金等主张优先受偿的，人民法院不予支持。	
《建设工程合同纠纷解释(二)》 **第二十二条**　承包人行使建设工程价款优先受偿权**的期限为六个月**，自发包人应当给付建设工程价款之日起算。	**第四十一条**　承包人**应当在合理期限内**行使建设工程价款优先受偿权，**但最长不得超过十八个月**，自发包人应当给付建设工程价款之日起算。	修改了行使优先受偿权的期限，从原来的“六个月”修改表述为“合理期限”，并不得“超过十八个月”。
《建设工程合同纠纷解释(二)》 **第二十三条**　发包人与承包人约定放弃或者限制建设工程价款优先受偿权，损害建筑工人利益，发包人根据该约定主张承包人不享有建设工程价款优先受偿权的，人民法院不予支持。	**第四十二条**　发包人与承包人约定放弃或者限制建设工程价款优先受偿权，损害建筑工人利益，发包人根据该约定主张承包人不享有建设工程价款优先受偿权的，人民法院不予支持。	
《建设工程合同纠纷解释》 **第二十六条**　实际施工人以转包人、违法分包人为被告起诉的，人民法院应当依法受理。 **实际施工人以发包人为被告主张权利的，人民法院可以追加转包人或者违法分包人为本案当事人。发包人只在欠付工程价款范围内对实际施工人承担责任。** 《建设工程合同纠纷解释(二)》 **第二十四条**　实际施工人以	**第四十三条**　实际施工人以转包人、违法分包人为被告起诉的，人民法院应当依法受理。 实际施工人以发包人为被告主张权利的，人民法院应当追加转包人或者违法分包人为本案第三人，在查明发包人欠付转包人或者违法分包人建设工程价款的数额后，判决发包人在欠付建设工程价款范围内对实际施工人承担责任。	将原两条司法解释内容合并，删去了《建设工程合同纠纷解释》的第26条第2款。

建设工程合同纠纷解释	2020 年《建设工程合同纠纷解释（一）》	解读
发包人为被告主张权利的，人民法院应当追加转包人或者违法分包人为本案第三人，在查明发包人欠付转包人或者违法分包人建设工程价款的数额后，判决发包人在欠付建设工程价款范围内对实际施工人承担责任。		
《建设工程合同纠纷解释(二)》 **第二十五条** 实际施工人**根据合同法第七十三条**规定，以转包人或者违法分包人怠于向发包人行使到期债权，**对其造成损害为由**，提起代位权诉讼的，人民法院应予支持。	**第四十四条** 实际施工人**依据民法典第五百三十五条**规定，以转包人或者违法分包人怠于向发包人行使到期债权**或者与该债权有关的从权利，影响其到期债权实现**，提起代位权诉讼的，人民法院应予支持。	1. 文字性修改。 2. 增加了提起代位权诉讼的相关权利，即“与该债权有关的从权利，影响其到期债权实现”的情形。
	第四十五条 本解释自 2021 年 1 月 1 日起施行。	施行时间与民法典施行时间一致。

《最高人民法院关于适用〈中华人民共和国民法典〉婚姻家庭编的解释（一）》条文对比与解读

婚姻法相关司法解释	《婚姻家庭编司法解释（一）》①	解读
	为正确审理婚姻家庭纠纷案件，根据《中华人民共和国民法典》《中华人民共和国民事诉讼法》等相关法律规定，结合审判实践，制定本解释。	
	一、一般规定	
《婚姻法司法解释（一）》② **第一条　婚姻法第三条、第三十二条、第四十三条、第四十五条、第四十六条所称的“家庭暴力”，是指行为人以殴打、捆绑、残害、强行限制人身自由或者其他手段，给其家庭成员的身体、精神等方面造成一定伤害后果的行为。**持续性、经常性的家庭暴力，**构成虐待。**	**第一条**　持续性、经常性的家庭暴力，**可以认定为民法典第一千零四十二条、第一千零七十九条、第一千零九十一条所称的**“虐待”。	本条仅保留“虐待”的定义，删除了“家庭暴力”的定义。原因是：《婚姻法司法解释（一）》施行时间为2001年，当时并无“家庭暴力”的法律定义。基于实务需求，司法解释对其内涵作出了明确。但2015年《反家庭暴力法》第2条规定，“本法所称家庭暴力，是指家庭成员之间以殴打、捆绑、

① 《最高人民法院关于适用〈中华人民共和国民法典〉婚姻家庭编的解释（一）》以下简称《婚姻家庭编司法解释（一）》。

② 《最高人民法院关于适用〈中华人民共和国婚姻法〉若干问题的解释（一）》以下简称《婚姻法司法解释（一）》。

婚姻法相关司法解释	《婚姻家庭编司法解释（一）》	解读
		残害、限制人身自由以及经常性谩骂、恐吓等方式实施的身体、精神等侵害行为”。既然《反家庭暴力法》已经对“家庭暴力”的定义在法律层面上予以明确，那么本条关于“家庭暴力”的定义已无保留必要。
《婚姻法司法解释（一）》 **第二条** 婚姻法第三条、第三十二条、第四十六条规定的“**有配偶者**与他人同居”的情形，是指有配偶者与婚外异性，不以夫妻名义，持续、稳定地共同居住。	**第二条** **民法典第一千零四十二条、第一千零七十九条、第一千零九十一条**规定的“与他人同居”的情形，是指有配偶者与婚外异性，不以夫妻名义，持续、稳定地共同居住。	未作实质修改。
《婚姻法司法解释(二)》① **第一条** 当事人**起诉**请求解除同居关系的，人民法院不予受理。**但当事人请求解除的同居关系，属于婚姻法第三条、第三十二条、第四十六条规定的“有配偶者与他人同居”的，人民法院应当受理并依法予以解除。** 当事人因同居期间财产分割或者子女抚养纠纷提起诉讼的，人民法院应当受理。	**第三条** 当事人**提起诉讼仅**请求解除同居关系的，人民法院不予受理；**已经受理的，裁定驳回起诉。** 当事人因同居期间财产分割或者子女抚养纠纷提起诉讼的，人民法院应当受理。	1. 仅请求解除同居关系的，已经受理的，应裁定驳回该项诉讼请求。 2. 同居本身的性质决定了其只能从道德而非法律角度规范，故不管是否为有配偶者与他人同居，同居关系都不能从法律角度予以调整。

① 《最高人民法院关于适用〈中华人民共和国婚姻法〉若干问题的解释（二）》以下简称《婚姻法司法解释（二）》。

婚姻法相关司法解释	《婚姻家庭编司法解释（一）》	解读
《婚姻法司法解释（一）》 **第三条** 当事人仅以**婚姻法第四条**为依据提起诉讼的，人民法院不予受理；已经受理的，裁定驳回起诉。	**第四条** 当事人仅以**民法典第一千零四十三条**为依据提起诉讼的，人民法院不予受理；已经受理的，裁定驳回起诉。	文字性修改。
《婚姻法司法解释（二）》 **第十条** 当事人请求返还按照习俗给付的彩礼的，如果查明属于以下情形，人民法院应当予以支持： （一）双方未办理结婚登记手续**的**； （二）双方办理结婚登记手续但确未共同生活**的**； （三）婚前给付并导致给付人生活困难**的**。 适用前款第（二）、（三）项的规定，应当以双方离婚为条件。	**第五条** 当事人请求返还按照习俗给付的彩礼的，如果查明属于以下情形，人民法院应当予以支持： （一）双方未办理结婚登记手续； （二）双方办理结婚登记手续但确未共同生活； （三）婚前给付并导致给付人生活困难。 适用前款第二项、第三项的规定，应当以双方离婚为条件。	该条完全保留了原规定。但实践中关于彩礼返还还会考虑双方在一起生活时间的长短等因素。很多案件中，即使没有办理结婚登记手续，彩礼也并不是全部返还；即使办理了结婚登记手续，双方在一起生活时间短的，也会酌情返还。
	二、结婚	
《婚姻法司法解释（一）》 **第四条** 男女双方根据**婚姻法第八条**规定补办结婚登记的，婚姻关系的效力从双方均符合**婚姻法**所规定的结婚的实质要件时起算。	**第六条** 男女双方依据**民法典第一千零四十九条**规定补办结婚登记的，婚姻关系的效力从双方均符合**民法典**所规定的结婚的实质要件时起算。	未作实质修改。
《婚姻法司法解释（一）》 **第五条** 未按**婚姻法第八条**规定办理结婚登记而以夫妻名义共同生活的男女，**起诉到人民法院**要求离婚的，应当区别对待： （一）1994年2月1日民	**第七条** 未**依据民法典第一千零四十九条**规定办理结婚登记而以夫妻名义共同生活的男女，**提起诉讼**要求离婚的，应当区别对待： （一）1994年2月1日民政部《婚姻登记管理条例》公	《婚姻家庭编司法解释（一）》第3条已经规定，当事人提起诉讼仅请求解除同居关系的，人民法院不予受理，故本处相应修改。

婚姻法相关司法解释	《婚姻家庭编司法解释（一）》	解读
政部《婚姻登记管理条例》公布实施以前，男女双方已经符合结婚实质要件的，按事实婚姻处理。 （二）1994年2月1日民政部《婚姻登记管理条例》公布实施以后，男女双方符合结婚实质要件的，人民法院应当告知其**在案件受理前**补办结婚登记；未补办结婚登记的，**按解除同居关系**处理。	布实施以前，男女双方已经符合结婚实质要件的，按事实婚姻处理。 （二）1994年2月1日民政部《婚姻登记管理条例》公布实施以后，男女双方符合结婚实质要件的，人民法院应当告知其补办结婚登记。未补办结婚登记的，**依据本解释第三条规定**处理。	
《婚姻法司法解释（一）》 **第六条** 未**按婚姻法第八条**规定办理结婚登记而以夫妻名义共同生活的男女，一方死亡，另一方以配偶身份主张享有继承权的，**按照**本解释**第五条**的原则处理。	**第八条** 未**依据民法典第一千零四十九条**规定办理结婚登记而以夫妻名义共同生活的男女，一方死亡，另一方以配偶身份主张享有继承权的，**依据**本解释**第七条**的原则处理。	未作实质修改。
《婚姻法司法解释（一）》 **第七条** 有权依据**婚姻法第十条**规定向人民法院就已办理结婚登记的婚姻**申请宣告**婚姻无效的主体，包括婚姻当事人及利害关系人。利害关系人包括： （一）以重婚为由**申请宣告婚姻无效**的，为当事人的近亲属及基层组织。 （二）以未到法定婚龄为由**申请宣告婚姻无效**的，为未**达**法定婚龄者的近亲属。 （三）以有禁止结婚的亲属关系为由**申请宣告婚姻无效**的，为当事人的近亲属。	**第九条** 有权依据**民法典第一千零五十一条**规定向人民法院就已办理结婚登记的婚姻**请求确认**婚姻无效的主体，包括婚姻当事人及利害关系人。**其中，**利害关系人包括： （一）以重婚为由的，为当事人的近亲属及基层组织； （二）以未到法定婚龄为由的，为未**到**法定婚龄者的近亲属； （三）以有禁止结婚的亲属关系为由的，为当事人的近亲属。	1. 婚姻无效案件是适用普通程序的案件，故表述上不宜使用特别程序中的“申请宣告”这类表述，而应改为“请求确认”。 2.《民法典》第1051条已经删除了医学上认为不应当结婚的疾病导致婚姻无效的情形，故本处亦予以删除。

婚姻法相关司法解释	《婚姻家庭编司法解释（一）》	解读
（四）以婚前患有医学上认为不应当结婚的疾病，婚后尚未治愈为由申请宣告婚姻无效的，为与患病者共同生活的近亲属。		
《婚姻法司法解释（一）》 **第八条**　当事人依据**婚姻法第十条**规定向人民法院**申请宣告**婚姻无效的，**申请时**，法定的无效婚姻情形已经消失的，人民法院不予支持。	**第十条**　当事人依据**民法典第一千零五十一条**规定向人民法院**请求确认**婚姻无效，法定的无效婚姻情形**在提起诉讼时**已经消失的，人民法院不予支持。	婚姻无效案件适用普通程序，故表述上不宜使用特别程序中的“申请宣告”这类表述，而应改为“请求确认”。
《婚姻法司法解释（一）》 **第九条**　人民法院**审理宣告**婚姻无效案件，对婚姻效力的审理不适用调解，应当依法作出判决；**有关婚姻效力的判决一经作出，即发生法律效力。** 涉及财产分割和子女抚养的，可以调解。调解达成协议的，另行制作调解书。**对财产分割和子女抚养问题的判决不服的，当事人可以上诉。** 《婚姻法司法解释（二）》 **第二条**　人民法院受理**申请宣告**婚姻无效案件后，**经审查确属无效婚姻的，应当依法作出宣告婚姻无效的判决。**原告申请撤诉的，不予准许。 **第四条　人民法院审理无效婚姻案件，涉及财产分割和子女抚养的，应当对婚姻效力的认定和其他纠纷的处理分别制作裁判文书。**	**第十一条**　人民法院**受理请求确认**婚姻无效案件**后**，原告申请撤诉的，不予准许。 对婚姻效力的审理不适用调解，应当依法作出判决。 涉及财产分割和子女抚养的，可以调解。调解达成协议的，另行制作调解书；**未达成调解协议的，应当一并作出判决。**	1. 删除了“有关婚姻效力的判决一经作出，即发生法律效力”的规定，说明确认婚姻无效案件不再适用一审终审，适用普通程序，可以上诉，故不宜使用特别程序上常用的“宣告”表述。 2. 婚姻法司法解释的规定的前提是对婚姻无效这一诉讼请求的审理是特别程序，实行一审终审。但财产分割和子女抚养问题的审理仍应适用普通程序，可以调解、可以上诉。既然现在确认婚姻无效案件已明确适用普通程序，原条文中大多表述内容皆不用赘述。

婚姻法相关司法解释	《婚姻家庭编司法解释（一）》	解读
《婚姻法司法解释（二）》 **第三条** 人民法院受理离婚案件后，经审查确属无效婚姻的，应当将婚姻无效的情形告知当事人，并依法作出**宣告**婚姻无效的判决。	**第十二条** 人民法院受理离婚案件后，经审理确属无效婚姻的，应当将婚姻无效的情形告知当事人，并依法作出**确认**婚姻无效的判决。	确认婚姻无效案件适用普通程序，不适用一审终审，不宜使用特别程序上常用的“宣告”表述。
《婚姻法司法解释（二）》 **第七条** 人民法院就同一婚姻关系分别受理了离婚和**申请宣告**婚姻无效案件的，对于离婚案件的审理，应当待**申请宣告**婚姻无效案件作出判决后进行。 **前款所指的婚姻关系被宣告无效后，涉及财产分割和子女抚养的，应当继续审理。**	**第十三条** 人民法院就同一婚姻关系分别受理了离婚和**请求确认**婚姻无效案件的，对于离婚案件的审理，应当待**请求确认**婚姻无效案件作出判决后进行。	婚姻无效案件是否继续审理财产和子女抚养问题，取决于当事人是否提出相应的诉讼请求。如果提出，则当然应当与婚姻无效的诉讼请求一并判决，而不是继续审理。
《婚姻法司法解释（二）》 **第五条** 夫妻一方或者双方死亡后**一年内**，生存一方或者利害关系人依据**婚姻法第十条**的规定**申请宣告**婚姻无效的，人民法院应当受理。	**第十四条** 夫妻一方或者双方死亡后，生存一方或者利害关系人依据**民法典第一千零五十一条**的规定**请求确认**婚姻无效的，人民法院应当受理。	法律关系无效是自始无效、永远无效，确认无效不应有时效限制，故删除“一年内”的表述。
《婚姻法司法解释（二）》 **第六条** 利害关系人依据**婚姻法第十条**的规定，**申请**人民法院**宣告**婚姻无效的，利害关系人为**申请人**，婚姻关系当事人双方为**被申请人**。 夫妻一方死亡的，生存一方为**被申请人**。 **夫妻双方均已死亡的，不列被申请人。**	**第十五条** 利害关系人依据**民法典第一千零五十一条**的规定，**请求**人民法院**确认**婚姻无效的，利害关系人为**原告**，婚姻关系当事人双方为**被告**。 夫妻一方死亡的，生存一方为**被告**。	确认婚姻无效案件属于适用二审终审普通程序的案件，不宜使用特别程序常用的“宣告”“被申请人”“申请人”等表述。

婚姻法相关司法解释	《婚姻家庭编司法解释（一）》	解读
《婚姻法司法解释（一）》 **第十六条** 人民法院审理重婚导致的无效婚姻案件时，涉及财产处理的，应当准许合法婚姻当事人作为有独立请求权的第三人参加诉讼。	**第十六条** 人民法院审理重婚导致的无效婚姻案件时，涉及财产处理的，应当准许合法婚姻当事人作为有独立请求权的第三人参加诉讼。	
《婚姻法司法解释（三）》① **第一条** 当事人以**婚姻法第十条**规定以外的情形**申请宣告**婚姻无效的，人民法院应当判决驳回当事人的**申请**。 当事人以结婚登记程序存在瑕疵为由提起民事诉讼，主张撤销结婚登记的，告知其可以依法申请行政复议或者提起行政诉讼。	**第十七条** 当事人以**民法典第一千零五十一条**规定的**三种无效婚姻**以外的情形**请求确认**婚姻无效的，人民法院应当判决驳回当事人的**诉讼请求**。 当事人以结婚登记程序存在瑕疵为由提起民事诉讼，主张撤销结婚登记的，告知其可以依法申请行政复议或者提起行政诉讼。	确认婚姻无效案件属于适用二审终审普通程序的案件，故相应表述修改为"请求确认""诉讼请求"。
《婚姻法司法解释（一）》 **第十条** **婚姻法第十一条**所称的"胁迫"，**是指**行为人以给另一方当事人或者其近亲属的生命、身体健康、名誉、财产等方面造成损害为要挟，迫使另一方当事人违背真实意愿结婚的**情况**。 因受胁迫而请求撤销婚姻的，只能是受胁迫一方的婚姻关系当事人本人。	**第十八条** 行为人以给另一方当事人或者其近亲属的生命、身体、健康、名誉、财产等方面造成损害为要挟，迫使另一方当事人违背真实意愿结婚的，**可以认定为民法典第一千零五十二条**所称的"胁迫"。 因受胁迫而请求撤销婚姻的，只能是受胁迫一方的婚姻关系当事人本人。	文字性修改。

① 《最高人民法院关于适用〈中华人民共和国婚姻法〉若干问题的解释（三）》以下简称《婚姻法司法解释（三）》。

婚姻法相关司法解释	《婚姻家庭编司法解释（一）》	解读
《婚姻法司法解释（一）》 **第十二条**　婚姻法第十一条规定的“1 年”，不适用诉讼时效中止、中断或者延长的规定。	**第十九条　民法典第一千零五十二条**规定的“一年”，不适用诉讼时效中止、中断或者延长的规定。 **受胁迫或者被非法限制人身自由的当事人请求撤销婚姻的，不适用民法典第一百五十二条第二款的规定。**	《民法典》第 1052 条第 2 款、第 3 款已经规定因胁迫结婚的当事人请求撤销婚姻的，自胁迫行为终止之日起一年内提出；被非法限制人身自由的当事人请求撤销婚姻的，应当自恢复人身自由之日起 1 年内提出。如果当事人被限制人身自由的时间长达 5 年以上，适用《民法典》第 152 条第 2 款则会导致仍被限制人身自由的当事人的撤销权消灭，对其明显不公平。 故从民法典婚姻家庭编与总则编特殊与一般的关系角度而言，应当体系解释为被胁迫、被非法限制人身自由的当事人请求撤销婚姻时，不受被胁迫、被非法限制人身自由行为发生之日起 5 年的限制。
《婚姻法司法解释（一）》 **第十三条**　婚姻法第十二**条**所规定的**自始无效**，是指无效或者可撤销婚姻在依法被**宣告**无效或被撤销时，才确定该婚姻自始不受法律保护。	**第二十条　民法典第一千零五十四条**所规定的**“自始没有法律约束力”**，是指无效婚姻或者可撤销婚姻在依法被**确认**无效或者被撤销时，才确定该婚姻自始不受法律保护。	文字性修改。

婚姻法相关司法解释	《婚姻家庭编司法解释（一）》	解读
《婚姻法司法解释（一）》 **第十四条** 人民法院根据当事人的申请，依法**宣告**婚姻无效或者撤销婚姻的，应当收缴双方的结婚证书并将生效的判决书寄送当地婚姻登记管理机关。	**第二十一条** 人民法院根据当事人的请求，依法**确认**婚姻无效或者撤销婚姻的，应当收缴双方的结婚证书并将生效的判决书寄送当地婚姻登记管理机关。	文字性修改。
《婚姻法司法解释（一）》 **第十五条** 被**宣告**无效或被撤销的婚姻，当事人同居期间所得的财产，按共同共有处理。**但**有证据证明为当事人一方所有的除外。	**第二十二条** 被**确认**无效或者被撤销的婚姻，当事人同居期间所得的财产，除有证据证明为当事人一方所有的**以**外，按共同共有处理。	文字性修改。
	三、夫妻关系	
《婚姻法司法解释（三）》 **第九条** 夫以妻擅自中止妊娠侵犯其生育权为由请求损害赔偿的，人民法院不予支持；夫妻双方因是否生育发生纠纷，致使感情确已破裂，一方请求离婚的，人民法院经调解无效，应依照**婚姻法第三十二条第三款第（五）项**的规定处理。	**第二十三条** 夫以妻擅自中止妊娠侵犯其生育权为由请求损害赔偿的，人民法院不予支持；夫妻双方因是否生育发生纠纷，致使感情确已破裂，一方请求离婚的，人民法院经调解无效，应依照**民法典第一千零七十九条第三款第五项**的规定处理。	未作实质修改。
《婚姻法司法解释（二）》 **第十二条** **婚姻法第十七条第三项**规定的“知识产权的收益”，是指婚姻关系存续期间，实际取得或者已经明确可以取得的财产性收益。	**第二十四条** **民法典第一千零六十二条第一款第三项**规定的“知识产权的收益”，是指婚姻关系存续期间，实际取得或者已经明确可以取得的财产性收益。	未作实质修改。
《婚姻法司法解释（二）》 **第十一条** 婚姻关系存续期间，下列财产属于**婚姻法第十七条**规定的“其他应当归共同所有的财产”： （一）一方以个人财产投	**第二十五条** 婚姻关系存续期间，下列财产属于**民法典第一千零六十二条**规定的“其他应当归共同所有的财产”： （一）一方以个人财产投	《社会保险法》中明确规定为“基本养老金”而非“养老保险金”，修改后与《社会保险法》的表述保持一致。

婚姻法相关司法解释	《婚姻家庭编司法解释（一）》	解读
资取得的收益； （二）男女双方实际取得或者应当取得的住房补贴、住房公积金； （三）男女双方实际取得或者应当取得的**养老保险金**、破产安置补偿费。	资取得的收益； （二）男女双方实际取得或者应当取得的住房补贴、住房公积金； （三）男女双方实际取得或者应当取得的**基本养老金**、破产安置补偿费。	
《婚姻法司法解释（三）》 **第五条** 夫妻一方个人财产在婚后产生的收益，除孳息和自然增值外，应认定为夫妻共同财产。	**第二十六条** 夫妻一方个人财产在婚后产生的收益，除孳息和自然增值外，应认定为夫妻共同财产。	
《婚姻法司法解释（二）》 **第十九条** 由一方婚前承租、婚后用共同财产购买的房屋，**房屋权属证书**登记在一方名下的，应当认定为夫妻共同财产。	**第二十七条** 由一方婚前承租、婚后用共同财产购买的房屋，登记在一方名下的，应当认定为夫妻共同财产。	房屋权属证书表述不符合"不动产权证书"的现行规范表述，而且原文表述不符合语法逻辑，房屋权属证书本身是一个书面文件，不可能登记在一方名下，只能是房屋被登记在一方名下。
《婚姻法司法解释（三）》 **第十一条** 一方未经另一方同意出售夫妻共同共有的房屋，第三人善意购买、支付合理对价并办理**产权**登记**手续**，另一方主张追回该房屋的，人民法院不予支持。 夫妻一方擅自处分共同共有的房屋造成另一方损失，离婚时另一方请求赔偿损失的，人民法院应予支持。	**第二十八条** 一方未经另一方同意出售夫妻共同所有的房屋，第三人善意购买、支付合理对价并**已**办理**不动产**登记，另一方主张追回该房屋的，人民法院不予支持。 夫妻一方擅自处分共同所有的房屋造成另一方损失，离婚时另一方请求赔偿损失的，人民法院应予支持。	将"产权登记手续"修改为"不动产登记"。

婚姻法相关司法解释	《婚姻家庭编司法解释（一）》	解读
《婚姻法司法解释（二）》 **第二十二条** 当事人结婚前，父母为双方购置房屋出资的，该出资应当认定为对自己子女的个人赠与，但父母明确表示赠与双方的除外。 当事人结婚后，父母为双方购置房屋出资的，**该出资应当认定为对夫妻双方的赠与，但父母明确表示赠与一方的除外。**	**第二十九条** 当事人结婚前，父母为双方购置房屋出资的，该出资应当认定为对自己子女个人的赠与，但父母明确表示赠与双方的除外。 当事人结婚后，父母为双方购置房屋出资的，**依照约定处理；没有约定或者约定不明确的，按照民法典第一千零六十二条第一款第四项规定的原则处理。**	相较于《婚姻法司法解释（二）》第22条的规定，本条增加了"有约从约"的规定。需要强调的是，与本条相关的《婚姻法司法解释（三）》第7条未被纳入《婚姻家庭编司法解释（一）》。可以理解为，婚后由一方父母出资为子女购买的不动产，登记在出资人子女名下的，原则上视为对夫妻双方的赠与，与之前的规定相反。但不排除后续会有新的民法典司法解释作出相反的规定。
《婚姻法司法解释（二）》 **第十三条** 军人的伤亡保险金、伤残补助金、医药生活补助费属于个人财产。	**第三十条** 军人的伤亡保险金、伤残补助金、医药生活补助费属于个人财产。	
《婚姻法司法解释（一）》 **第十九条 婚姻法第十八条**规定为夫妻一方的**所有的**财产，不因婚姻关系的延续而转化为夫妻共同财产。但当事人另有约定的除外。	**第三十一条 民法典第一千零六十三条**规定为夫妻一方的**个人**财产，不因婚姻关系的延续而转化为夫妻共同财产。但当事人另有约定的除外。	文字性修改。
《婚姻法司法解释（三）》 **第六条** 婚前或者婚姻关系存续期间，当事人约定将一方所有的房产赠与另一方，赠与方在赠与房产变更登记之前撤销赠与，另一方请求判令继续履行的，人民法院可以按照**合同法第一百八十六条**的规定处理。	**第三十二条** 婚前或者婚姻关系存续期间，当事人约定将一方所有的房产赠与另一方**或者共有**，赠与方在赠与房产变更登记之前撤销赠与，另一方请求判令继续履行的，人民法院可以按照**民法典第六百五十八条**的规定处理。	增加一方将房产与另一方"共有"即"部分赠与"的情形。

婚姻法相关司法解释	《婚姻家庭编司法解释（一）》	解读
《婚姻法司法解释（二）》 **第二十三条** 债权人就一方婚前所负个人债务向债务人的配偶主张权利的，人民法院不予支持。但债权人能够证明所负债务用于婚后家庭共同生活的除外。	**第三十三条** 债权人就一方婚前所负个人债务向债务人的配偶主张权利的，人民法院不予支持。但债权人能够证明所负债务用于婚后家庭共同生活的除外。	
《婚姻法司法解释（二）》 **第二十四条 债权人就婚姻关系存续期间夫妻一方以个人名义所负债务主张权利的，应当按夫妻共同债务处理。但夫妻一方能够证明债权人与债务人明确约定为**个人债务，或者能够证明属于婚姻法第十九条第三款规定情形的除外。 夫妻一方与第三人串通，虚构债务，第三人主张**权利**的，人民法院不予支持。 夫妻一方在从事赌博、吸毒等违法犯罪活动中所负债务，第三人主张**权利**的，人民法院不予支持。	**第三十四条** 夫妻一方与第三人串通，虚构债务，第三人主张**该债务为夫妻共同债务**的，人民法院不予支持。 夫妻一方在从事赌博、吸毒等违法犯罪活动中所负债务，第三人主张**该债务为夫妻共同债务**的，人民法院不予支持。	《婚姻法司法解释（二）》第24条第1款于《民法典》第1064条已有规定，故《婚姻家庭编司法解释（一）》将其删除。
《婚姻法司法解释（二）》 **第二十五条** 当事人的离婚协议或者人民法院**的**判决**书**、裁定**书**、调解书已经对夫妻财产分割问题作出处理的，债权人仍有权就夫妻共同债务向男女双方主张权利。 一方就共同债务承担**连带**清偿责任后，**基于**离婚协议或者人民法院的法律文书**向另一方主张追偿**的，人民法院应当支持。	**第三十五条** 当事人的离婚协议或者人民法院**生效**判决、裁定、调解书已经对夫妻财产分割问题作出处理的，债权人仍有权就夫妻共同债务向男女双方主张权利。 一方就**夫妻**共同债务承担清偿责任后，**主张由另一方按照**离婚协议或者人民法院的法律文书**承担相应债务**的，人民法院应予支持。	1. 夫妻共同债务属于共同债务而非连带债务。相应地，夫妻一方承担的也不是连带责任，而是个人责任。 2. 根据《民法典》第307条的规定，按份共有人偿还债务超过自己应当承担份额时，有权向其他共有人追偿。但该条并未对共同共有人是否有追偿

婚姻法相关司法解释	《婚姻家庭编司法解释（一）》	解读
		权作出规定。从体系解释角度而言，应理解为共同共有人之间没有追偿权。但不排除承担债务的夫妻一方按照离婚协议约定或法院的法律文书确定的财产分割比例要求另一方承担相应债务。
《婚姻法司法解释（二）》 **第二十六条** 夫或妻一方死亡的，生存一方应当对婚姻关系存续期间的共同债务承担**连带**清偿责任。	**第三十六条** 夫**或者**妻一方死亡的，生存一方应当对婚姻关系存续期间的**夫妻**共同债务承担清偿责任。	夫妻一方对夫妻共同债务承担的不是连带责任，而是个人责任。
《婚姻法司法解释（一）》 **第十八条** **婚姻法第十九条**所称"**第三人**知道该约定的"，夫妻一方对此负有举证责任。	**第三十七条** **民法典第一千零六十五条第三款**所称"**相对人**知道该约定的"，夫妻一方对此负有举证责任。	《民法典》第1065条中已将《婚姻法》第19条表述的第三人改为相对人。为与《民法典》表述一致，故作此修改。
《婚姻法司法解释（三）》 **第四条** 婚姻关系存续期间，夫妻一方请求分割共同财产的，人民法院不予支持，**但有下列重大理由且不损害债权人利益的除外：** **（一）一方有隐藏、转移、变卖、毁损、挥霍夫妻共同财产或者伪造夫妻共同债务等严重损害夫妻共同财产利益行为的；** **（二）一方负有法定扶养义务的人患重大疾病需要医治，另一方不同意支付相关医疗费用的。**	**第三十八条** 婚姻关系存续期间，**除民法典第一千零六十六条规定情形以外，**夫妻一方请求分割共同财产的，人民法院不予支持。	《民法典》第1066条已将《婚姻法司法解释（三）》第4条纳入。作为民法典的司法解释，本条直接引用《民法典》第1066条，而无需再行列举。

婚姻法相关司法解释	《婚姻家庭编司法解释（一）》	解读
	四、父母子女关系	
《婚姻法司法解释（三）》 **第二条　夫妻一方向人民法院起诉请求确认亲子关系不存在**，并已提供必要证据予以证明，另一方没有相反证据又拒绝做亲子鉴定的，人民法院可以**推定请求确认**亲子关系**不存在**一方的主张成立。 **当事人一方**起诉请求确认亲子关系，并提供必要证据予以证明，另一方没有相反证据又拒绝做亲子鉴定的，人民法院可以**推定请求**确认亲子关系一方的主张成立。	**第三十九条　父或者母向人民法院起诉请求否认亲子关系**，并已提供必要证据予以证明，另一方没有相反证据又拒绝做亲子鉴定的，人民法院可以**认定否认**亲子关系一方的主张成立。 **父或者母以及成年子女**起诉请求确认亲子关系，并提供必要证据予以证明，另一方没有相反证据又拒绝做亲子鉴定的，人民法院可以**认定**确认亲子关系一方的主张成立。	1. 实务中存在否认同居期间所生子女亲子关系情形，故改为“父或者母”比“夫妻一方”适用范围更大。 2.《民法典》第1073条第2款规定，“对亲子关系有异议且有正当理由的，成年子女可以向人民法院提起诉讼，请求确认亲子关系”，司法解释应与其保持一致。
《最高人民法院关于夫妻关系存续期间以人工授精所生子女的法律地位的函》 **在夫妻关系**存续期间，双方一致同意进行人工授精，所生子女应视为**夫妻双方的**婚生子女，父母子女**之间**权利义务关系适用**《婚姻法》**的有关规定。	**第四十条　婚姻关系**存续期间，**夫妻**双方一致同意进行人工授精，所生子女应视为婚生子女，父母子女**间的**权利义务关系适用**民法典**的有关规定。	文字性修改。
《婚姻法司法解释（一）》 **第二十条　婚姻法第二十一条**规定的“不能独立生活的子女”，**是指**尚在校接受高中及其以下学历教育，或者丧失**或未完全**丧失劳动能力等非因主观原因而无法维持正常生活的成年子女。	**第四十一条**　尚在校接受高中及其以下学历教育，或者丧失、**部分丧失**劳动能力等非因主观原因而无法维持正常生活的成年子女，**可以认定为民法典第一千零六十七条**规定的“不能独立生活的**成年**子女”。	将“不能独立生活的子女”改为“不能独立生活的成年子女”。《民法典》第1067条已将《婚姻法》第21条中的“子女”改为“成年子女”，因为未成年子女一般默认为没有独立生活能力，没有必要特别强调，故这里特指成年子女中没有独立生活能力的情形。

婚姻法相关司法解释	《婚姻家庭编司法解释（一）》	解读
《婚姻法司法解释（一）》 **第二十一条　婚姻法第二十一条**所称“抚养费”，包括子女生活费、教育费、医疗费等费用。	**第四十二条　民法典第一千零六十七条**所称“抚养费”，包括子女生活费、教育费、医疗费等费用。	未作实质修改。
《婚姻法司法解释（三）》 **第三条**　婚姻关系存续期间，父母双方或者一方拒不履行抚养子女义务，未成年或者不能独立生活的子女请求支付抚养费的，人民法院应予支持。	**第四十三条**　婚姻关系存续期间，父母双方或者一方拒不履行抚养子女义务，未成年**子女**或者不能独立生活的**成年**子女请求支付抚养费的，人民法院应予支持。	文字性修改。
《最高人民法院关于人民法院审理离婚案件处理子女抚养问题的若干具体意见》 1. **2周岁以下的子女，一般随母方生活。母方**有下列情形之一**的，可随父方生活**： （1）患有久治不愈的传染性疾病**或**其他严重疾病，子女不宜与其共同生活**的**； （2）有抚养条件不尽抚养义务，而**父方**要求子女随其生活**的**； （3）因其他原因，子女确**无法**随**母方**生活**的**。	**第四十四条　离婚案件涉及未成年子女抚养的，对不满两周岁的子女，按照民法典第一千零八十四条第三款规定的原则处理。母亲**有下列情形之一，**父亲请求直接抚养的，人民法院应予支持**： （一）患有久治不愈的传染性疾病**或者**其他严重疾病，子女不宜与其共同生活； （二）有抚养条件不尽抚养义务，而**父亲**要求子女随其生活； （三）因其他原因，子女确**不宜**随**母亲**生活。	将“母方有下列情形之一的，可随父方生活”修改为“母亲有下列情形之一，父亲请求直接抚养的，人民法院应予支持”，明确了当事人对案件结果的预期。
《最高人民法院关于人民法院审理离婚案件处理子女抚养问题的若干具体意见》 2. 父母双方协议**2**周岁**以下**子女**随父方生活**，并对子女健康成长无不利影响的，**可予准许**。	**第四十五条**　父母双方协议**不满两**周岁子女**由父亲直接抚养**，并对子女健康成长无不利影响的，**人民法院应予支持**。	将“可予准许”修改为“应予支持”，更尊重父母双方的协商结果。

婚姻法相关司法解释	《婚姻家庭编司法解释（一）》	解读
《最高人民法院关于人民法院审理离婚案件处理子女抚养问题的若干具体意见》 3. 对两周岁**以上**未成年的子女，**父方和母方均要求随其生活**，一方有下列情形之一的，可予优先考虑： （1）已做绝育手术或因其他原因丧失生育能力的； （2）子女随其生活时间较长，改变生活环境对子女健康成长明显不利的； （3）无其他子女，而另一方有其他子女的； （4）子女随其生活，对子女成长有利，而另一方患有久治不愈的传染性疾病或其他严重疾病，或者有其他不利于子女身心健康的情形，不宜与子女共同生活的。	**第四十六条** 对**已满**两周岁的未成年子女，**父母均要求直接抚养**，一方有下列情形之一的，可予优先考虑： （一）已做绝育手术或者因其他原因丧失生育能力； （二）子女随其生活时间较长，改变生活环境对子女健康成长明显不利； （三）无其他子女，而另一方有其他子女； （四）子女随其生活，对子女成长有利，而另一方患有久治不愈的传染性疾病或者其他严重疾病，或者有其他不利于子女身心健康的情形，不宜与子女共同生活。	文字性修改。
《最高人民法院关于人民法院审理离婚案件处理子女抚养问题的若干具体意见》 4. **父方与母方**抚养子女的条件基本相同，双方均要求**子女与其共同生活**，但子女单独随祖父母**或**外祖父母共同生活多年，且祖父母或外祖父母要求并且有能力帮助子女照顾孙子女或外孙子女的，**可作为子女随父或母生活**的优先条件予以考虑。	**第四十七条** **父母**抚养子女的条件基本相同，双方均要求**直接抚养子女**，但子女单独随祖父母**或者**外祖父母共同生活多年，且祖父母或者外祖父母要求并且有能力帮助子女照顾孙子女或者外孙子女的，**可以作为父或者母直接抚养子女**的优先条件予以考虑。	文字性修改。
《最高人民法院关于人民法院审理离婚案件处理子女抚养问题的若干具体意见》 6. 在有利于保护子女利益的前提下，父母双方协议轮流抚养子女的，**可予准许**。	**第四十八条** 在有利于保护子女利益的前提下，父母双方协议轮流直接抚养子女的，**人民法院应予支持**。	将“可予准许”修改为“应予支持”，更尊重父母双方的协商结果。

婚姻法相关司法解释	《婚姻家庭编司法解释（一）》	解读
《最高人民法院关于人民法院审理离婚案件处理子女抚养问题的若干具体意见》 7. **子女抚育费**的数额，**可**根据子女的实际需要、父母双方的负担能力和当地的实际生活水平确定。 有固定收入的，**抚育费**一般**可**按其月总收入的**20%**至**30%**的比例给付。负担两个以上子女**抚育费**的，比例**可**适当提高，但一般不得超过月总收入的**50%**。 无固定收入的，**抚育费**的数额**可**依据当年总收入**或**同行业平均收入，参照上述比例确定。 有特殊情况的，**可**适当提高**或**降低上述比例。	**第四十九条　抚养费**的数额，**可以**根据子女的实际需要、父母双方的负担能力和当地的实际生活水平确定。 有固定收入的，**抚养费**一般**可以**按其月总收入的**百分之二十至三十**的比例给付。负担两个以上子女**抚养费**的，比例**可以**适当提高，但一般不得超过月总收入的**百分之五十**。 无固定收入的，**抚养费**的数额**可以**依据当年总收入**或者**同行业平均收入，参照上述比例确定。 有特殊情况的，**可以**适当提高**或者**降低上述比例。	文字性修改。
《最高人民法院关于人民法院审理离婚案件处理子女抚养问题的若干具体意见》 8. **抚育费应**定期给付，有条件的**可**一次性给付。	**第五十条　抚养费应**当定期给付，有条件的**可以**一次性给付。	文字性修改。
《最高人民法院关于人民法院审理离婚案件处理子女抚养问题的若干具体意见》 9. **对**一方无经济收入或者下落不明的，**可**用其财物折抵子女**抚育费**。	**第五十一条　父母**一方无经济收入或者下落不明的，**可以**用其财物折抵**抚养费**。	文字性修改。
《最高人民法院关于人民法院审理离婚案件处理子女抚养问题的若干具体意见》 10. 父母双方可以协议**子女随一方生活并由抚养方负担子女全部抚育费。但经查实，**抚养方的抚养能力明显不能保障子女所需费用，影响子女健康成长的，**不予准许**。	**第五十二条**　父母双方可以协议**由一方直接抚养子女并由直接抚养方负担子女全部抚养费。但是，直接**抚养方的抚养能力明显不能保障子女所需费用，影响子女健康成长的，**人民法院不予支持**。	文字性修改。

婚姻法相关司法解释	《婚姻家庭编司法解释（一）》	解读
《最高人民法院关于人民法院审理离婚案件处理子女抚养问题的若干具体意见》 11. **抚育费**的给付期限，一般至子女**18**周岁为止。 **16**周岁以上不满**18**周岁，以其劳动收入为主要生活来源，并能维持当地一般生活水平的，父母可停止给付**抚育费**。	**第五十三条** **抚养费**的给付期限，一般至子女**十八**周岁为止。 **十六**周岁以上不满**十八**周岁，以其劳动收入为主要生活来源，并能维持当地一般生活水平的，父母可以停止给付**抚养费**。	文字性修改。
《最高人民法院关于人民法院审理离婚案件处理子女抚养问题的若干具体意见》 13. 生父与继母**或**生母与继父离婚时，对曾受其抚养教育的继子女，继父**或**继母不同意继续抚养的，仍应由生父母抚养。	**第五十四条** 生父与继母**离婚或者**生母与继父离婚时，对曾受其抚养教育的继子女，继父**或者**继母不同意继续抚养的，仍应由生父**或者**生母抚养。	文字性修改。
《最高人民法院关于人民法院审理离婚案件处理子女抚养问题的若干具体意见》 15. 离婚后，一方要求变更子女抚养关系的，或者子女要求增加**抚育费**的，**应**另行**起诉**。	**第五十五条** 离婚后，**父母**一方要求变更子女抚养关系的，或者子女要求增加**抚养费**的，**应当**另行**提起诉讼**。	文字性修改。
《最高人民法院关于人民法院审理离婚案件处理子女抚养问题的若干具体意见》 16. 一方要求变更子女抚养关系**有**下列情形之一的，应予支持： （1）与子女共同生活的一方因患严重疾病或因伤残无力继续抚养子女**的**；	**第五十六条** **具有**下列情形之一，**父母**一方要求变更子女抚养关系的，**人民法院**应予支持： （一）与子女共同生活的一方因患严重疾病或者因伤残无力继续抚养子女； （二）与子女共同生活的一方不尽抚养义务或有虐待子	将“10周岁以上未成年子女”修改为“已满八周岁的子女”，将可自由表达意志的年龄与民法典保持一致。

婚姻法相关司法解释	《婚姻家庭编司法解释（一）》	解读
(2) 与子女共同生活的一方不尽抚养义务或有虐待子女行为，或其与子女共同生活对子女身心健康确有不利影响**的**； (3) 10 **周岁以上未成年**子女，愿随另一方生活，该方又有抚养能力**的**； (4) 有其他正当理由需要变更**的**。	女行为，或者其与子女共同生活对子女身心健康确有不利影响； （三）**已满八周岁的**子女，愿随另一方生活，该方又有抚养能力； （四）有其他正当理由需要变更。	
《最高人民法院关于人民法院审理离婚案件处理子女抚养问题的若干具体意见》 17. 父母双方协议变更子女抚养关系的，**应予准许**。	**第五十七条**　父母双方协议变更子女抚养关系的，**人民法院应予支持**。	文字性修改。
《最高人民法院关于人民法院审理离婚案件处理子女抚养问题的若干具体意见》 18. 子女要求增加**抚育费**有下列情形之一，**父或母有给付能力**的，应予支持： (1) 原定**抚育费**数额不足以维持当地实际生活水平**的**； (2) 因子女患病、上学，实际需要已超过原定数额**的**； (3) 有其他正当理由应当增加**的**。	**第五十八条**　具有下列情形之一，子女要求**有负担能力的父或者母**增加**抚养费**的，**人民法院**应予支持： （一）原定**抚养费**数额不足以维持当地实际生活水平； （二）因子女患病、上学，实际需要已超过原定数额； （三）有其他正当理由应当增加。	文字性修改。
《最高人民法院关于人民法院审理离婚案件处理子女抚养问题的若干具体意见》 19. 父母不得因子女变更姓氏而拒付子女**抚育费**。父**或**母**一方**擅自将子女姓氏改为继母或继父姓氏而引起纠纷的，**应**责令恢复原姓氏。	**第五十九条**　父母不得因子女变更姓氏而拒付子女**抚养费**。父**或者**母擅自将子女姓氏改为继母或继父姓氏而引起纠纷的，**应当**责令恢复原姓氏。	文字性修改。

婚姻法相关司法解释	《婚姻家庭编司法解释（一）》	解读
《最高人民法院关于人民法院审理离婚案件处理子女抚养问题的若干具体意见》 20. 在离婚诉讼期间，双方均拒绝抚养子女的，**可**先行裁定暂由一方抚养。	**第六十条** 在离婚诉讼期间，双方均拒绝抚养子女的，**可以**先行裁定暂由一方抚养。	文字性修改。
《最高人民法院关于人民法院审理离婚案件处理子女抚养问题的若干具体意见》 21. 对拒不履行**或**妨害他人履行生效判决、裁定、调解中有关子女抚养义务的当事人或者其他人，人民法院可依照**《中华人民共和国**民事诉讼法》**第一百零二条**的规定采取强制措施。	**第六十一条** 对拒不履行**或者**妨害他人履行生效判决、裁定、调解**书**中有关子女抚养义务的当事人或者其他人，人民法院可依照民事诉讼法**第一百一十一条**的规定采取强制措施。	文字性修改。
	五、离婚	
《婚姻法司法解释（三）》 **第八条** 无民事行为能力人的配偶有**虐待、遗弃等严重损害无民事行为能力一方的人身权利或者财产权益**行为，其他有监护资格的人可以**依照特别程序**要求**变更监护关系**；变更后的监护人代理无民事行为能力一方提起离婚诉讼的，人民法院应予受理。	**第六十二条** 无民事行为能力人的配偶有**民法典第三十六条第一款规定**行为，其他有监护资格的人可以要求**撤销其监护资格，并依法指定新的监护人**；变更后的监护人代理无民事行为能力一方提起离婚诉讼的，人民法院应予受理。	本条将无民事行为能力人配偶的不法行为定位于《民法典》第36条第1款，比《婚姻法司法解释（三）》该条规定更准确。
《婚姻法司法解释（一）》 **第二十二条** 人民法院审理离婚案件，符合**第三十二条第三款**规定“应准予离婚”情形的，不应当因当事人有过错而判决不准离婚。	**第六十三条** 人民法院审理离婚案件，符合**民法典第一千零七十九条第三款**规定“应**当**准予离婚”情形的，不应当因当事人有过错而判决不准离婚。	未作实质修改。

婚姻法相关司法解释	《婚姻家庭编司法解释（一）》	解读
《婚姻法司法解释（一）》 **第二十三条** 婚姻法第**三十三条**所称的“军人一方有重大过错”，可以依据**婚姻法第三十二条第三款前三项**规定及军人有其他重大过错导致夫妻感情破裂的情形予以判断。	**第六十四条** **民法典第一千零八十一条**所称的“军人一方有重大过错”，可以依据**民法典第一千零七十九条第三款前三项**规定及军人有其他重大过错导致夫妻感情破裂的情形予以判断。	未作实质修改。
《婚姻法司法解释（一）》 **第二十四条** 人民法院作出的生效的离婚判决中未涉及探望权，当事人就探望权问题单独提起诉讼的，人民法院应予受理。	**第六十五条** 人民法院作出的生效的离婚判决中未涉及探望权，当事人就探望权问题单独提起诉讼的，人民法院应予受理。	
《婚姻法司法解释（一）》 **第二十五条** 当事人在履行生效判决、裁定或者调解书的过程中，请求中止**行使**探望**权**的，人民法院在征询双方当事人意见后，认为需要中止**行使**探望**权**的，依法作出裁定。中止探望的情形消失后，人民法院应当根据当事人的**申请**通知其恢复探望**权的行使**。	**第六十六条** 当事人在履行生效判决、裁定或者调解书的过程中，**一方**请求中止探望的，人民法院在征询双方当事人意见后，认为需要中止探望的，依法作出裁定；中止探望的情形消失后，人民法院应当根据当事人的**请求书面**通知其恢复探望。	恢复探望，本质是恢复执行。故根据2020年修正的《最高人民法院关于人民法院执行工作若干问题的规定（试行）》第60条规定“中止执行的情形消失后，执行法院可以根据当事人的申请或依职权恢复执行。恢复执行应当书面通知当事人”作出修改。
《婚姻法司法解释（一）》 **第二十六条** 未成年子女、直接抚养子女的父**或**母**及**其他对未成年子女负担抚养、教育义务的法定监护人，有权向人民法院提出中止探望**权**的请求。	**第六十七条** 未成年子女、直接抚养子女的父**或者**母**以及**其他对未成年子女负担抚养、教育**、保护**义务的法定监护人，有权向人民法院提出中止探望的请求。	《民法典》第1058条中规定，夫妻双方共同承担对未成年子女抚养、教育和保护的义务。而提出中止探望的请求是为了保护未成年人的身心健康，故应按照《民法典》第1058条的规定，增加“保护”二字表述。

婚姻法相关司法解释	《婚姻家庭编司法解释（一）》	解读
《婚姻法司法解释（一）》 **第三十二条　婚姻法第四十八条关于对拒不执行有关探望子女等判决和裁定的，由人民法院依法强制执行的规定，是指对**拒不**履行**协助另一方行使探望权的有关个人**和单位**采取拘留、罚款等强制措施，不能对子女的人身、探望行为进行强制执行。	**第六十八条　对于**拒不协助另一方行使探望权的有关个人**或者组织，可以由人民法院依法**采取拘留、罚款等强制措施，**但是**不能对子女的人身、探望行为进行强制执行。	《民法典》已用“组织”统一替代“单位”的表述。
《婚姻法司法解释（三）》 **第十四条**　当事人达成的以**登记**离婚或者到人民法院**协议**离婚为条件的财产**分割**协议，如果双方**协议**离婚未成，一方在离婚诉讼中反悔的，人民法院应当认定该财产**分割**协议没有生效，并根据实际情况**依法对夫妻共同财产进行分割**。 《婚姻法司法解释（二）》 **第八条**　离婚协议中关于财产**分割的**条款**或者当事人因离婚就财产分割达成的协议**，对男女双方具有法律约束力。 当事人因履行上述**财产分割**协议发生纠纷提起诉讼的，人民法院应当受理。	**第六十九条**　当事人达成的以**协议**离婚或者到人民法院**调解**离婚为条件的财产**以及债务处理协议**，如果双方离婚未成，一方在离婚诉讼中反悔的，人民法院应当认定该财产**以及债务处理**协议没有生效，并根据实际情况**依照民法典第一千零八十七条和第一千零八十九条的规定判决**。 **当事人依照民法典第一千零七十六条签订的**离婚协议中关于财产**以及债务处理**的条款，对男女双方具有法律约束力。**登记离婚后**当事人因履行上述协议发生纠纷提起诉讼的，人民法院应当受理。	1. 诉至法院后，就不存在协议离婚，只能是调解离婚或判决离婚。 2. 将“财产分割协议”修改为“财产以及债务处理协议”，将债务处理协议内容纳入其中。财产分割和债务处理条款都是当事人达成的协议，两者之间往往有牵连关系，无法割裂单独认定其效力，故应一并处理，同样对待。
《婚姻法司法解释（二）》 **第九条　男女**双方协议离婚后**一年内**就财产分割问题反悔，请求**变更或者**撤销财产分割协议的，人民法院应当受理。 人民法院审理后，未发现订立财产分割协议时存在欺诈、胁迫等情形的，应当依法驳回当事人的诉讼请求。	**第七十条　夫妻**双方协议离婚后就财产分割问题反悔，请求撤销财产分割协议的，人民法院应当受理。 人民法院审理后，未发现订立财产分割协议时存在欺诈、胁迫等情形的，应当依法驳回当事人的诉讼请求。	删除了“一年内”的时间限制，请求撤销财产分割协议的时间限制变为三年，与《民法典》关于诉讼时效三年的规定保持一致。

婚姻法相关司法解释	《婚姻家庭编司法解释（一）》	解读
《婚姻法司法解释（二）》 **第十四条** 人民法院审理离婚案件，涉及分割发放到军人名下的复员费、自主择业费等一次性费用的，以夫妻婚姻关系存续年限乘以年平均值，所得数额为夫妻共同财产。 前款所称年平均值，是指将发放到军人名下的上述费用总额按具体年限均分得出的数额。其具体年限为人均寿命七十岁与军人入伍时实际年龄的差额。	**第七十一条** 人民法院审理离婚案件，涉及分割发放到军人名下的复员费、自主择业费等一次性费用的，以夫妻婚姻关系存续年限乘以年平均值，所得数额为夫妻共同财产。 前款所称年平均值，是指将发放到军人名下的上述费用总额按具体年限均分得出的数额。其具体年限为人均寿命七十岁与军人入伍时实际年龄的差额。	
《婚姻法司法解释（二）》 **第十五条** 夫妻双方分割共同财产中的股票、债券、投资基金份额等有价证券以及未上市股份有限公司股份时，协商不成或者按市价分配有困难的，人民法院可以根据数量按比例分配。	**第七十二条** 夫妻双方分割共同财产中的股票、债券、投资基金份额等有价证券以及未上市股份有限公司股份时，协商不成或者按市价分配有困难的，人民法院可以根据数量按比例分配。	
《婚姻法司法解释（二）》 **第十六条** 人民法院审理离婚案件，涉及分割夫妻共同财产中以一方名义在有限责任公司的出资额，另一方不是该公司股东的，按以下情形分别处理： （一）夫妻双方协商一致将出资额部分或者全部转让给该股东的配偶，过半数股东同意、其他股东明确表示放弃优先购买权的，该股东的配偶可以成为该公司股东；	**第七十三条** 人民法院审理离婚案件，涉及分割夫妻共同财产中以一方名义在有限责任公司的出资额，另一方不是该公司股东的，按以下情形分别处理： （一）夫妻双方协商一致将出资额部分或者全部转让给该股东的配偶，**其他**股东过半数同意，**并且**其他股东**均**明确表示放弃优先购买权的，该股东的配偶可以成为该公司股东；	1. “过半数股东”的表述与《公司法》第71条第2款“其他股东过半数”的表述冲突。 2. “同等价格”与《公司法》第71条第3款“同等条件”的规定冲突。《最高人民法院关于适用〈中华人民共和国公司法〉若干问题的规定（四）》第18条规

婚姻法相关司法解释	《婚姻家庭编司法解释（一）》	解读
（二）夫妻双方就出资额转让份额和转让价格等事项协商一致后，**过半数股东**不同意转让，但愿意以同等**价格**购买该出资额的，人民法院可以对转让出资所得财产进行分割。**过半数股东**不同意转让，也不愿意以同等**价格**购买该出资额的，视为其同意转让，该股东的配偶可以成为该公司股东。 用于证明前款规定的**过半数**股东同意的证据，可以是**股东会决议**，也可以是当事人通过其他合法途径取得的股东的书面声明材料。	（二）夫妻双方就出资额转让份额和转让价格等事项协商一致后，**其他股东半数以上**不同意转让，但愿意以同等**条件**购买该出资额的，人民法院可以对转让出资所得财产进行分割。**其他股东半数以上**不同意转让，也不愿意以同等**条件**购买该出资额的，视为其同意转让，该股东的配偶可以成为该公司股东。 **用于**证明前款规定的股东同意的证据，可以是**股东会议材料**，也可以是当事人通过其他合法途径取得的股东的书面声明材料。	定，同等条件的判断应当考虑转让股权的数量、价格、支付方式及期限等因素。 3. 股东会决议是公司法上的专有名词，指的是公司召开股东会，并就公司重大事项作出的决议，也即该决议只能以公司名义作出，内容也只与公司本身经营管理事务有关。而其他股东是否同意转让股权则属于股东个人事项，与公司无关。不存在通过股东会决议方式行使的问题，故将“股东会决议”修改为“股东会议材料”。
《婚姻法司法解释（二）》 **第十七条**　人民法院审理离婚案件，涉及分割夫妻共同财产中以一方名义在合伙企业中的出资，另一方不是该企业合伙人的，当夫妻双方协商一致，将其合伙企业中的财产份额全部或者部分转让给对方时，按以下情形分别处理： （一）其他合伙人一致同意的，该配偶依法取得合伙人地位； （二）其他合伙人不同意转让，在同等条件下行使优先**受让权**的，可以对转让所得的财产进行分割；	**第七十四条**　人民法院审理离婚案件，涉及分割夫妻共同财产中以一方名义在合伙企业中的出资，另一方不是该企业合伙人的，当夫妻双方协商一致，将其合伙企业中的财产份额全部或者部分转让给对方时，按以下情形分别处理： （一）其他合伙人一致同意的，该配偶依法取得合伙人地位； （二）其他合伙人不同意转让，在同等条件下行使优先**购买权**的，可以对转让所得的财产进行分割；	合伙企业法中没有“退还部分财产份额”的表述。事实上，财产份额也不存在退还的问题。其在法条上的准确表述应为《合伙企业法》第42条中“削减该合伙人相应财产份额的结算”。

婚姻法相关司法解释	《婚姻家庭编司法解释（一）》	解读
（三）其他合伙人不同意转让，也不行使优先**受让权**，但同意该合伙人退伙或者**退还**部分财产份额的，可以对**退还**的财产进行分割； （四）其他合伙人既不同意转让，也不行使优先**受让权**，又不同意该合伙人退伙或者**退还**部分财产份额的，视为全体合伙人同意转让，该配偶依法取得合伙人地位。	（三）其他合伙人不同意转让，也不行使优先**购买权**，但同意该合伙人退伙或者**削减**部分财产份额的，可以对**结算后**的财产进行分割； （四）其他合伙人既不同意转让，也不行使优先**购买权**，又不同意该合伙人退伙或者**削减**部分财产份额的，视为全体合伙人同意转让，该配偶依法取得合伙人地位。	
《婚姻法司法解释（二）》 **第十八条** 夫妻以一方名义投资设立独资企业的，人民法院分割夫妻在该独资企业中的共同财产时，应当按照以下情形分别处理： （一）一方主张经营该企业的，对企业资产进行评估后，由取得企业一方给予另一方相应的补偿； （二）双方均主张经营该企业的，在双方竞价基础上，由取得企业的一方给予另一方相应的补偿； （三）双方均不愿意经营该企业的，按照《中华人民共和国个人独资企业法》等有关规定办理。	**第七十五条** 夫妻以一方名义投资设立**个人**独资企业的，人民法院分割夫妻在该**个人**独资企业中的共同财产时，应当按照以下情形分别处理： （一）一方主张经营该企业的，对企业资产进行评估后，由取得企业**资产所有权**一方给予另一方相应的补偿； （二）双方均主张经营该企业的，在双方竞价基础上，由取得企业**资产所有权**的一方给予另一方相应的补偿； （三）双方均不愿意经营该企业的，按照《中华人民共和国个人独资企业法》等有关规定办理。	个人独资企业本身是没有独立法人资格的法律拟制体，不存在企业作为物归谁所有的问题。能取得的只能是企业中资产的所有权。
《婚姻法司法解释（二）》 **第二十条** 双方对夫妻共同财产中的房屋价值及归属无法达成协议时，人民法院按以下情形分别处理： （一）双方均主张房屋所有权并且同意竞价取得的，应当准许；	**第七十六条** 双方对夫妻共同财产中的房屋价值及归属无法达成协议时，人民法院按以下情形分别处理： （一）双方均主张房屋所有权并且同意竞价取得的，应当准许； （二）一方主张房屋所有有	实务中，双方均不主张不动产物权时，除拍卖外还有折价变卖的处理方式，应一并予以明确。

婚姻法相关司法解释	《婚姻家庭编司法解释（一）》	解读
（二）一方主张房屋所有权的，由评估机构按市场价格对房屋作出评估，取得房屋所有权的一方应当给予另一方相应的补偿； （三）双方均不主张房屋所有权的，根据当事人的申请拍卖房屋，就所得价款进行分割。	权的，由评估机构按市场价格对房屋作出评估，取得房屋所有权的一方应当给予另一方相应的补偿； （三）双方均不主张房屋所有权的，根据当事人的申请拍卖、**变卖**房屋，就所得价款进行分割。	
《婚姻法司法解释（二）》 **第二十一条** 离婚时双方对尚未取得所有权或者尚未取得完全所有权的房屋有争议且协商不成的，人民法院不宜判决房屋所有权的归属，应当根据实际情况判决由当事人使用。 当事人就前款规定的房屋取得完全所有权后，有争议的，可以另行向人民法院提起诉讼。	**第七十七条** 离婚时双方对尚未取得所有权或者尚未取得完全所有权的房屋有争议且协商不成的，人民法院不宜判决房屋所有权的归属，应当根据实际情况判决由当事人使用。 当事人就前款规定的房屋取得完全所有权后，有争议的，可以另行向人民法院提起诉讼。	
《婚姻法司法解释（三）》 **第十条** 夫妻一方婚前签订不动产买卖合同，以个人财产支付首付款并在银行贷款，婚后用夫妻共同财产还贷，不动产登记于首付款支付方名下的，离婚时该不动产由双方协议处理。 依前款规定不能达成协议的，人民法院可以判决该不动产归产权登记一方，尚未归还的贷款为**产权**登记一方的个人债务。双方婚后共同还贷支付的款项及其相对应财产增值部分，离婚时应根据**婚姻法第三十九条第一款**规定的原则，由**产权**登记一方对另一方进行补偿。	**第七十八条** 夫妻一方婚前签订不动产买卖合同，以个人财产支付首付款并在银行贷款，婚后用夫妻共同财产还贷，不动产登记于首付款支付方名下的，离婚时该不动产由双方协议处理。 依前款规定不能达成协议的，人民法院可以判决该不动产归登记一方，尚未归还的贷款为**不动产**登记一方的个人债务。双方婚后共同还贷支付的款项及其相对应财产增值部分，离婚时应根据**民法典第一千零八十七条第一款**规定的原则，由**不动产**登记一方对另一方进行补偿。	产权登记为经济学概念，将其改为《民法典》规定的不动产登记。

婚姻法相关司法解释	《婚姻家庭编司法解释（一）》	解读
《婚姻法司法解释（三）》 **第十二条** 婚姻关系存续期间，双方用夫妻共同财产出资购买以一方父母名义参加房改的房屋，**产权**登记在一方父母名下，离婚时另一方主张按照夫妻共同财产对该房屋进行分割的，人民法院不予支持。购买该房屋时的出资，可以作为债权处理。	**第七十九条** 婚姻关系存续期间，双方用夫妻共同财产出资购买以一方父母名义参加房改的房屋，登记在一方父母名下，离婚时另一方主张按照夫妻共同财产对该房屋进行分割的，人民法院不予支持。购买该房屋时的出资，可以作为债权处理。	文字性修改。
《婚姻法司法解释（三）》 **第十三条** 离婚时夫妻一方尚未退休、不符合领取**养老保险金**条件，另一方请求按照夫妻共同财产分割**养老保险金**的，人民法院不予支持；婚后以夫妻共同财产**缴付**养老保险费，离婚时一方主张将养老金账户中婚姻关系存续期间个人实际**缴付**部分作为夫妻共同财产分割的，人民法院应予支持。	**第八十条** 离婚时夫妻一方尚未退休、不符合领取**基本养老金**条件，另一方请求按照夫妻共同财产分割**基本养老金**的，人民法院不予支持；婚后以夫妻共同财产**缴纳基本**养老保险费，离婚时一方主张将养老金账户中婚姻关系存续期间个人实际**缴纳**部分**及利息**作为夫妻共同财产分割的，人民法院应予支持。	1. 概念修改参考《社会保险法》的相关内容； 2. 根据《社会保险法》第14条的规定，实际缴纳部分还有利息收入，利息也应属于夫妻共同财产。
《婚姻法司法解释（三）》 **第十五条** 婚姻关系存续期间，夫妻一方作为继承人依法可以继承的遗产，在继承人之间尚未实际分割，起诉离婚时另一方请求分割的，人民法院应当告知当事人在继承人之间实际分割遗产后另行起诉。	**第八十一条** 婚姻关系存续期间，夫妻一方作为继承人依法可以继承的遗产，在继承人之间尚未实际分割，起诉离婚时另一方请求分割的，人民法院应当告知当事人在继承人之间实际分割遗产后另行起诉。	
《婚姻法司法解释（三）》 **第十六条** 夫妻之间订立借款协议，以夫妻共同财产出借给一方从事个人经营活动**或**用于其他个人事务的，	**第八十二条** 夫妻之间订立借款协议，以夫妻共同财产出借给一方从事个人经营活动**或者**用于其他个人事务的，应视为双方约定处分	文字性修改。

婚姻法相关司法解释	《婚姻家庭编司法解释（一）》	解读
应视为双方约定处分夫妻共同财产的行为，离婚时可按照借款协议的约定处理。	夫妻共同财产的行为，离婚时可以按照借款协议的约定处理。	
《婚姻法司法解释（三）》 **第十八条**　离婚后，一方以尚有夫妻共同财产未处理为由向人民法院起诉请求分割的，经审查该财产确属离婚时未涉及的夫妻共同财产，人民法院应当依法予以分割。	**第八十三条**　离婚后，一方以尚有夫妻共同财产未处理为由向人民法院起诉请求分割的，经审查该财产确属离婚时未涉及的夫妻共同财产，人民法院应当依法予以分割。	
《婚姻法司法解释（一）》 **第三十一条**　当事人依据**婚姻法第四十七条**的规定向人民法院提起诉讼，请求再次分割夫妻共同财产的诉讼时效为**两年**，从当事人发现**之次日**起计算。	**第八十四条**　当事人依据**民法典第一千零九十二条**的规定向人民法院提起诉讼，请求再次分割夫妻共同财产的诉讼时效**期间为三年**，从当事人发现**之日**起计算。	将两年的诉讼时效修改为三年，与现行诉讼时效期间接轨。
《婚姻法司法解释（二）》 **第二十八条**　夫妻一方申请对配偶的个人财产或者夫妻共同财产采取保全措施的，人民法院可以在采取保全措施可能造成损失的范围内，根据实际情况，确定合理的财产担保数额。	**第八十五条**　夫妻一方申请对配偶的个人财产或者夫妻共同财产采取保全措施的，人民法院可以在采取保全措施可能造成损失的范围内，根据实际情况，确定合理的财产担保数额。	
《婚姻法司法解释（一）》 **第二十八条　婚姻法第四十六条**规定的“损害赔偿”，包括物质损害赔偿和精神损害赔偿。涉及精神损害赔偿的，适用最高人民法院《关于确定民事侵权精神损害赔偿责任若干问题的解释》的有关规定。	**第八十六条　民法典第一千零九十一条**规定的“损害赔偿”，包括物质损害赔偿和精神损害赔偿。涉及精神损害赔偿的，适用《最高人民法院关于确定民事侵权精神损害赔偿责任若干问题的解释》的有关规定。	未作实质修改。

婚姻法相关司法解释	《婚姻家庭编司法解释（一）》	解读
《婚姻法司法解释（一）》 **第二十九条** 承担**婚姻法第四十六条**规定的损害赔偿责任的主体，为离婚诉讼当事人中无过错方的配偶。 人民法院判决不准离婚的案件，对于当事人基于**婚姻法第四十六条**提出的损害赔偿请求，不予支持。 在婚姻关系存续期间，当事人不起诉离婚而单独依据**该条规定**提起损害赔偿请求的，人民法院不予受理。	**第八十七条** 承担**民法典第一千零九十一条**规定的损害赔偿责任的主体，为离婚诉讼当事人中无过错方的配偶。 人民法院判决不准离婚的案件，对于当事人基于**民法典第一千零九十一条**提出的损害赔偿请求，不予支持。 在婚姻关系存续期间，当事人不起诉离婚而单独依据**民法典第一千零九十一条**提起损害赔偿请求的，人民法院不予受理。	未作实质修改。
《婚姻法司法解释（一）》 **第三十条** 人民法院受理离婚案件时，应当将**婚姻法第四十六条**等规定中当事人的有关权利义务，书面告知当事人。在适用**婚姻法第四十六条**时，应当区分以下不同情况： （一）符合**婚姻法第四十六条**规定的无过错方作为原告基于该条规定向人民法院提起损害赔偿请求的，必须在离婚诉讼的同时提出。 （二）符合**婚姻法第四十六条**规定的无过错方作为被告的离婚诉讼案件，如果被告不同意离婚也不基于该条规定提起损害赔偿请求的，可以**在离婚后1年内**就此单独提起诉讼。 （三）无过错方作为被告的离婚诉讼案件，一审时被告未基于**婚姻法第四十六条**	**第八十八条** 人民法院受理离婚案件时，应当将**民法典第一千零九十一条**等规定中当事人的有关权利义务，书面告知当事人。在适用**民法典第一千零九十一条**时，应当区分以下不同情况： （一）符合**民法典第一千零九十一条**规定的无过错方作为原告基于该条规定向人民法院提起损害赔偿请求的，必须在离婚诉讼的同时提出。 （二）符合**民法典第一千零九十一条**规定的无过错方作为被告的离婚诉讼案件，如果被告不同意离婚也不基于该条规定提起损害赔偿请求的，可以就此单独提起诉讼。 （三）无过错方作为被告的离婚诉讼案件，一审时被告未基于**民法典第一千零九十一条**规定提出损害赔偿请求，二审期间提出的，人民	1. 离婚损害赔偿本质上为侵权之诉，应适用普通诉讼时效期间为三年，故删除“离婚后一年内”的表述。 2.《最高人民法院关于适用〈中华人民共和国民事诉讼法〉的解释》第328条第2款中规定，当事人放弃对诉讼请求的审级利益的，人民法院可以一并审理。故本条添加“双方当事人同意由第二审人民法院一并审理的，第二审人民法院可以一并裁判”。

婚姻法相关司法解释	《婚姻家庭编司法解释（一）》	解读
规定提出损害赔偿请求，二审期间提出的，人民法院应当进行调解，调解不成的，告知当事人**在离婚后1年内**另行起诉。	法院应当进行调解；调解不成的，告知当事人另行起诉。**双方当事人同意由第二审人民法院一并审理的，第二审人民法院可以一并裁判。**	
《婚姻法司法解释（二）》 **第二十七条**　当事人在婚姻登记机关办理离婚登记手续后，以**婚姻法第四十六条**规定为由向人民法院提出损害赔偿请求的，人民法院应当受理。但当事人在协议离婚时已经明确表示放弃该项请求，**或者在办理离婚登记手续一年后提出**的，不予支持。	**第八十九条**　当事人在婚姻登记机关办理离婚登记手续后，以**民法典第一千零九十一条**规定为由向人民法院提出损害赔偿请求的，人民法院应当受理。但当事人在协议离婚时已经明确表示放弃该项请求的，**人民法院**不予支持。	本解释删除“在办理离婚登记手续一年后提出”的内容。离婚损害赔偿本质上为侵权之诉，应适用普通诉讼时效期间，即三年。
《婚姻法司法解释（三）》 **第十七条**　夫妻双方均有**婚姻法第四十六条**规定的过错情形，一方或者双方向对方提出离婚损害赔偿请求的，人民法院不予支持。	**第九十条**　夫妻双方均有**民法典第一千零九十一条**规定的过错情形，一方或者双方向对方提出离婚损害赔偿请求的，人民法院不予支持。	未作实质修改。
	六、附则	
	第九十一条　本解释自2021年1月1日起施行。	施行时间与民法典施行时间一致。

《最高人民法院关于适用〈中华人民共和国民法典〉继承编的解释（一）》条文对比与解读

《继承法意见》①	《继承编司法解释（一）》②	解读
	为正确审理继承纠纷案件，根据《中华人民共和国民法典》等相关法律规定，结合审判实践，制定本解释。	
	一、一般规定	
1. 继承从被继承人生理死亡**或**被宣告死亡时开始。 **失踪人被**宣告死亡的，**以法院判决中**确定的**失踪人的**死亡日期，为继承开始的时间。	**第一条** 继承从被继承人生理死亡**或者**被宣告死亡时开始。 宣告死亡的，**根据民法典第四十八条规定**确定的死亡日期，为继承开始的时间。	文字性修改。
4. 承包人死亡时尚未取得承包收益的，可把死者生前对承包所投入的资金和所付出的劳动及其增值和孳息，由发包单位或者接续承包合同的人合理折价、补偿，其价额作为遗产。	**第二条** 承包人死亡时尚未取得承包收益的，可以将死者生前对承包所投入的资金和所付出的劳动及其增值和孳息，由发包单位或者接续承包合同的人合理折价、补偿。其价额作为遗产。	文字性修改。
5. 被继承人生前与他人订有遗赠扶养协议，同时又立有遗嘱的，继承开始后，如果遗赠扶养协议与遗嘱没有抵触，遗产分别按协议和遗嘱处理；如果有抵触，按协议处理，与协议抵触的遗嘱全部或部分无效。	**第三条** 被继承人生前与他人订有遗赠扶养协议，同时又立有遗嘱的，继承开始后，如果遗赠扶养协议与遗嘱没有抵触，遗产分别按协议和遗嘱处理；如果有抵触，按协议处理，与协议抵触的遗嘱全部或者部分无效。	

① 《最高人民法院关于贯彻执行〈中华人民共和国继承法〉若干问题的意见》以下简称《继承法意见》。

② 《最高人民法院关于适用〈中华人民共和国民法典〉继承编的解释（一）》以下简称《继承编司法解释（一）》。

《继承法意见》	《继承编司法解释（一）》	解读
6. 遗嘱继承人依遗嘱取得遗产后，仍有权**依继承法第十三条**的规定取得遗嘱未处分的遗产。	**第四条** 遗嘱继承人依遗嘱取得遗产后，仍有权**依照民法典第一千一百三十条**的规定取得遗嘱未处分的遗产。	文字性修改。
9. 在遗产继承中，继承人之间因是否丧失继承权发生纠纷，**诉讼到**人民法院的，由人民法院**根据继承法第七条**的规定，判决确认其是否丧失继承权。	**第五条** 在遗产继承中，继承人之间因是否丧失继承权发生纠纷，**向**人民法院**提起诉讼**的，由人民法院**依据民法典第一千一百二十五条**的规定，判决确认其是否丧失继承权。	文字性修改。
10. 继承人虐待被继承人情节**是否**严重，可以从实施虐待行为的时间、手段、后果和社会影响等方面认定。 虐待被继承人情节严重的，不论是否追究刑事责任，均可确认其丧失继承权。	**第六条 继承人是否符合民法典第一千一百二十五条第一款第三项规定的**“虐待被继承人情节严重”，可以从实施虐待行为的时间、手段、后果和社会影响等方面认定。 虐待被继承人情节严重的，不论是否追究刑事责任，均可确认其丧失继承权。	文字性修改。
11. 继承人故意杀害被继承人的，不论是既遂还是未遂，均**应**确认其丧失继承权。	**第七条** 继承人故意杀害被继承人的，不论是既遂还是未遂，均**应当**确认其丧失继承权。	文字性修改。
12. 继承人有**继承法第七条第（一）项或第（二）项**所列之行为，而被继承人以遗嘱将遗产指定由该继承人继承的，**可**确认遗嘱无效，并**按继承法第七条的规定处理**。	**第八条** 继承人有**民法典第一千一百二十五条第一款第一项或者第二项**所列之行为，而被继承人以遗嘱将遗产指定由该继承人继承的，**可以**确认遗嘱无效，并**确认该继承人丧失继承权**。	文字性修改。
14. 继承人伪造、篡改或者销毁遗嘱，侵害了缺乏劳动能力又无生活来源的继承人的利益，并造成其生活困难的，**应**认定**其行为**情节严重。	**第九条** 继承人伪造、篡改、**隐匿**或者销毁遗嘱，侵害了缺乏劳动能力又无生活来源的继承人的利益，并造成其生活困难的，**应当**认定**为民法典第一千一百二十五条第一款第四项规定的**“情节严重”。	文字性修改。

《继承法意见》	《继承编司法解释（一）》	解读
	二、法定继承	
19. 被收养人对养父母尽了赡养义务，同时又对生父母扶养较多的，除**可依继承法第十条**的规定继承养父母的遗产外，还**可依继承法第十四条**的规定分得生父母**的**适当**的**遗产。	**第十条** 被收养人对养父母尽了赡养义务，同时又对生父母扶养较多的，除**可以依照民法典第一千一百二十七条**的规定继承养父母的遗产外，还**可以依照民法典第一千一百三十一条**的规定分得生父母适当的遗产。	
21. 继子女继承了继父母遗产的，不影响其继承生父母的遗产。 继父母继承了继子女遗产的，不影响其继承生子女的遗产。	**第十一条** 继子女继承了继父母遗产的，不影响其继承生父母的遗产。 继父母继承了继子女遗产的，不影响其继承生子女的遗产。	
23. 养子女与生子女之间、养子女与养子女之间，系养兄弟姐妹，**可**互为第二顺序继承人。 被收养人与其亲兄弟姐妹之间的权利义务关系，因收养关系的成立而消除，不能互为第二顺序继承人。	**第十二条** 养子女与生子女之间、养子女与养子女之间，系养兄弟姐妹，**可以**互为第二顺序继承人。 被收养人与其亲兄弟姐妹之间的权利义务关系，因收养关系的成立而消除，不能互为第二顺序继承人。	文字性修改。
24. 继兄弟姐妹之间的继承权，因继兄弟姐妹之间的扶养关系而发生。没有扶养关系的，不能互为第二顺序继承人。 继兄弟姐妹之间相互继承了遗产的，不影响其继承亲兄弟姐妹的遗产。	**第十三条** 继兄弟姐妹之间的继承权，因继兄弟姐妹之间的扶养关系而发生。没有扶养关系的，不能互为第二顺序继承人。 继兄弟姐妹之间相互继承了遗产的，不影响其继承亲兄弟姐妹的遗产。	
25. 被继承人的孙子女、外孙子女、曾孙子女、外曾孙子女都可以代位继承，代位继承人不受辈数的限制。	**第十四条** 被继承人的孙子女、外孙子女、曾孙子女、外曾孙子女都可以代位继承，代位继承人不受辈数的限制。	

《继承法意见》	《继承编司法解释（一）》	解读
26. 被继承人的养子女、已形成扶养关系的继子女的生子女**可**代位继承；被继承人亲生子女的养子女**可**代位继承；被继承人养子女的养子女**可**代位继承；与被继承人已形成扶养关系的继子女的养子女也可以代位继承。	**第十五条** 被继承人的养子女、已形成扶养关系的继子女的生子女**可以**代位继承；被继承人亲生子女的养子女**可以**代位继承；被继承人养子女的养子女**可以**代位继承；与被继承人已形成扶养关系的继子女的养子女也可以代位继承。	文字性修改。
27. 代位继承人缺乏劳动能力又没有生活来源，或者对被继承人尽过主要赡养义务的，分配遗产时，可以多分。	**第十六条** 代位继承人缺乏劳动能力又没有生活来源，或者对被继承人尽过主要赡养义务的，分配遗产时，可以多分。	
28. 继承人丧失继承权的，其晚辈直系血亲不得代位继承。如该代位继承人缺乏劳动能力又没有生活来源，**或**对被继承人尽赡养义务较多的，可适当分给遗产。	**第十七条** 继承人丧失继承权的，其晚辈直系血亲不得代位继承。如该代位继承人缺乏劳动能力又没有生活来源，**或者**对被继承人尽赡养义务较多的，可以适当分给遗产。	文字性修改。
29. 丧偶儿媳对公婆、丧偶女婿对岳父、岳母，无论其是否再婚，**依继承法第十二条**规定作为第一顺序继承人时，不影响其子女代位继承。	**第十八条** 丧偶儿媳对公婆、丧偶女婿对岳父母，无论其是否再婚，**依照民法典第一千一百二十九条**规定作为第一顺序继承人时，不影响其子女代位继承。	文字性修改。
30. 对被继承人生活提供了主要经济来源，**或**在劳务等方面给予了主要扶助的，应当认定其尽了主要赡养义务或主要扶养义务。	**第十九条** 对被继承人生活提供了主要经济来源，**或者**在劳务等方面给予了主要扶助的，应当认定其尽了主要赡养义务或主要扶养义务。	文字性修改。
31. **依继承法第十四条**规定可以分给适当遗产的人，分给他们遗产时，按具体情况**可**多于**或**少于继承人。	**第二十条** **依照民法典第一千一百三十一条**规定可以分给适当遗产的人，分给他们遗产时，按具体情况**可以**多于**或者**少于继承人。	文字性修改。

《继承法意见》	《继承编司法解释（一）》	解读
32. **依继承法第十四条**规定可以分给适当遗产的人，在其依法取得被继承人遗产的权利受到侵犯时，本人有权以独立的诉讼主体的资格向人民法院提起诉讼。**但在遗产分割时，明知而未提出请求的，一般不予受理；不知而未提出请求，在2年以内起诉的，应予受理。**	**第二十一条　依照民法典第一千一百三十一条**规定可以分给适当遗产的人，在其依法取得被继承人遗产的权利受到侵犯时，本人有权以独立的诉讼主体资格向人民法院提起诉讼。	1. 文字性修改。 2. 删除“但在遗产分割时,明知而未提出请求的,一般不予受理;不知而未提出请求,在2年以内起诉的,应予受理”。
33. 继承人有扶养能力和扶养条件，愿意尽扶养义务，但被继承人因有固定收入和劳动能力，明确表示不要求其扶养的，分配遗产时，一般不应因此而影响其继承份额。	**第二十二条**　继承人有扶养能力和扶养条件，愿意尽扶养义务，但被继承人因有固定收入和劳动能力，明确表示不要求其扶养的，分配遗产时，一般不应因此而影响其继承份额。	
34. 有扶养能力和扶养条件的继承人虽然与被继承人共同生活，但对需要扶养的被继承人不尽扶养义务，分配遗产时，可以少分或者不分。	**第二十三条**　有扶养能力和扶养条件的继承人虽然与被继承人共同生活，但对需要扶养的被继承人不尽扶养义务，分配遗产时，可以少分或者不分。	
	三、遗嘱继承和遗赠	
36. 继承人、受遗赠人的债权人、债务人，共同经营的合伙人，也应当视为与继承人、受遗赠人有利害关系，不能作为遗嘱的见证人。	**第二十四条**　继承人、受遗赠人的债权人、债务人，共同经营的合伙人，也应当视为与继承人、受遗赠人有利害关系，不能作为遗嘱的见证人。	
37. 遗嘱人未保留缺乏劳动能力又没有生活来源的继承人的遗产份额，遗产处理时，应当为该继承人留下必要的遗产，所剩余的部分，才可参照遗嘱确定的分配原则处理。 继承人是否缺乏劳动能力又没有生活来源，应按遗嘱生效时该继承人的具体情况确定。	**第二十五条**　遗嘱人未保留缺乏劳动能力又没有生活来源的继承人的遗产份额，遗产处理时，应当为该继承人留下必要的遗产，所剩余的部分，才可参照遗嘱确定的分配原则处理。 继承人是否缺乏劳动能力又没有生活来源，应当按遗嘱生效时该继承人的具体情况确定。	

《继承法意见》	《继承编司法解释（一）》	解读
38. 遗嘱人以遗嘱处分了**属于**国家、集体或他人**所有的**财产，遗嘱的这部分，**应**认定无效。	**第二十六条** 遗嘱人以遗嘱处分了国家、集体或者他人财产的，**应当**认定**该部分遗嘱**无效。	文字性修改。
40. **公民**在遗书中涉及死后个人财产处分的内容，确为死者真实意思**的**表示，有本人签名并注明了年、月、日，又无相反证据的，**可**按自书遗嘱对待。	**第二十七条** **自然人**在遗书中涉及死后个人财产处分的内容，确为死者**的**真实意思表示，有本人签名并注明了年、月、日，又无相反证据的，**可以**按自书遗嘱对待。	文字性修改。
41. 遗嘱人立遗嘱时必须有行为能力。无行为能力人所立的遗嘱，即使其本人后来**有了**行为能力，仍属无效遗嘱。遗嘱人立遗嘱时**有**行为能力，后来**丧失了**行为能力，不影响遗嘱的效力。	**第二十八条** 遗嘱人立遗嘱时必须具有**完全民事**行为能力。无**民事**行为能力人**或者限制民事行为能力人**所立的遗嘱，即使其本人后来**具有完全民事**行为能力，仍属无效遗嘱。遗嘱人立遗嘱时**具有完全民事**行为能力，后来**成为无民事**行为能力**人或者限制民事行为能力人的**，不影响遗嘱的效力。	文字性修改。
43. 附义务的遗嘱继承**或**遗赠，如义务能够履行，而继承人、受遗赠人无正当理由不履行，经受益人**或**其他继承人请求，人民法院可以取消**他**接受附义务**那**部分遗产的权利，由提出请求的继承人**或**受益人负责按遗嘱人的意愿履行义务，接受遗产。	**第二十九条** 附义务的遗嘱继承**或者**遗赠，如义务能够履行，而继承人、受遗赠人无正当理由不履行，经受益人**或者**其他继承人请求，人民法院可以取消**其**接受附义务部分遗产的权利，由提出请求的继承人**或者**受益人负责按遗嘱人的意愿履行义务，接受遗产。	文字性修改。
	四、遗产的处理	
44. 人民法院在审理继承案件时，如果知道有继承人而无法通知的，分割遗产时，要保留其应继承的遗产，并确定该遗产的保管人**或**保管单位。	**第三十条** 人民法院在审理继承案件时，如果知道有继承人而无法通知的，分割遗产时，要保留其应继承的遗产，并确定该遗产的保管人**或者**保管单位。	

《继承法意见》	《继承编司法解释（一）》	解读
45. 应当为胎儿保留的遗产份额没有保留的，应从继承人所继承的遗产中扣回。 为胎儿保留的遗产份额，如胎儿出生后死亡的，由其继承人继承；如胎儿出生时**就**是死体的，由被继承人的继承人继承。	**第三十一条** 应当为胎儿保留的遗产份额没有保留的，应从继承人所继承的遗产中扣回。 为胎儿保留的遗产份额，如胎儿出生后死亡的，由其继承人继承；如胎儿娩出时是死体的，由被继承人的继承人继承。	文字性修改。
46. 继承人因放弃继承权，致其不能履行法定义务的，放弃继承权的行为无效。	**第三十二条** 继承人因放弃继承权，致其不能履行法定义务的，放弃继承权的行为无效。	
47. 继承人放弃继承应当以书面形式向其他继承人表示。**用口头方式表示放弃继承，本人承认，或有其它充分证据证明的，也应当认定其有效。**	**第三十三条** 继承人放弃继承应当以书面形式向**遗产管理人**或者其他继承人表示。	1. 新增“遗产管理人”角色，与《民法典》的规定接轨。 2. 明确放弃继承应当以书面形式为准，删除了关于口头方式放弃的认定条款。
48. 在诉讼中，继承人向人民法院以口头方式表示放弃继承的，要制作笔录，由放弃继承的人签名。	**第三十四条** 在诉讼中，继承人向人民法院以口头方式表示放弃继承的，要制作笔录，由放弃继承的人签名。	
49. 继承人放弃继承的意思表示，应当在继承开始后、遗产分割前作出。遗产分割后表示放弃的不再是继承权，而是所有权。	**第三十五条** 继承人放弃继承的意思表示，应当在继承开始后、遗产分割前作出。遗产分割后表示放弃的不再是继承权，而是所有权。	

《继承法意见》	《继承编司法解释（一）》	解读
50. 遗产处理前**或**在诉讼进行中，继承人对放弃继承**翻悔**的，由人民法院根据其提出的具体理由，决定是否承认，遗产处理后，继承人对放弃继承**翻悔**的，不予承认。	**第三十六条** 遗产处理前**或者**在诉讼进行中，继承人对放弃继承**反悔**的，由人民法院根据其提出的具体理由，决定是否承认。遗产处理后，继承人对放弃继承**反悔**的，不予承认。	
51. 放弃继承的效力，追溯到继承开始的时间。	**第三十七条** 放弃继承的效力，追溯到继承开始的时间。	
53. 继承开始后，受遗赠人表示接受遗赠，并于遗产分割前死亡的，其接受遗赠的权利**移转**给他的继承人。	**第三十八条** 继承开始后，受遗赠人表示接受遗赠，并于遗产分割前死亡的，其接受遗赠的权利**转移**给他的继承人。	文字性修改。
54. 由国家或集体组织供给生活费用的烈属和享受社会救济的城市居民，其遗产仍应准许合法继承人继承。	**第三十九条** 由国家或者集体组织供给生活费用的烈属和享受社会救济的自然人，其遗产仍应准许合法继承人继承。	
56. **扶养人或集体组织与公民订有**遗赠扶养协议，**扶养人或集体组织**无正当理由不履行，**致**协议解除的，不能享有受遗赠的权利，其支付的供养费用一般不予补偿；遗赠人无正当理由不履行，**致**协议解除的，则**应**偿还**扶养人或集体组织**已支付的供养费用。	**第四十条 继承人以外的组织或者个人与自然人签订**遗赠扶养协议**后**，无正当理由不履行，**导致**协议解除的，不能享有受遗赠的权利，其支付的供养费用一般不予补偿；遗赠人无正当理由不履行，**导致**协议解除的，则**应当**偿还**继承人以外的组织或者个人**已支付的供养费用。	
57. 遗产因无人继承**收归**国家或集体组织所有时，**按继承法第十四条**规定可以分给遗产的人提出取得遗产的**要求**，人民法院**应**视情况适当分给遗产。	**第四十一条** 遗产因无人继承**又无人受遗赠归**国家或者集体**所有制组织**所有时，**按照民法典第一千一百三十一条**规定可以分给适当遗产的人提出取得遗产的**诉讼请求**，人民法院**应当**视情况适当分给遗产。	文字性修改。

《继承法意见》	《继承编司法解释（一）》	解读
58. 人民法院在分割遗产中的房屋、生产资料和特定职业所需要的财产时，应依据有利于发挥其使用效益和继承人的实际需要，兼顾各继承人的利益进行处理。	**第四十二条** 人民法院在分割遗产中的房屋、生产资料和特定职业所需要的财产时，应当依据有利于发挥其使用效益和继承人的实际需要，兼顾各继承人的利益进行处理。	
59. 人民法院对故意隐匿、侵吞或争抢遗产的继承人，可以酌情减少其应继承的遗产。	**第四十三条** 人民法院对故意隐匿、侵吞或者争抢遗产的继承人，可以酌情减少其应继承的遗产。	
60. 继承诉讼开始后，如继承人、受遗赠人中有既不愿参加诉讼，又不表示放弃实体权利的，应追加为共同原告；已**明确**表示放弃继承的，不再列为当事人。	**第四十四条** 继承诉讼开始后，如继承人、受遗赠人中有既不愿参加诉讼，又不表示放弃实体权利的，应当追加为共同原告；**继承人**已**书面**表示放弃继承、**受遗赠人在知道受遗赠后六十日内表示放弃受遗赠或者到期没有表示**的，不再列为当事人。	文字性修改。
	五、附则	
	第四十五条 本解释自2021年1月1日起施行。	施行时间与民法典施行时间一致。

《最高人民法院关于审理劳动争议案件适用法律问题的解释（一）》条文对比与解读

劳动争议司法解释①	2020 年《劳动争议司法解释（一）》②	解读
	为正确审理劳动争议案件，根据《中华人民共和国民法典》《中华人民共和国劳动法》《中华人民共和国劳动合同法》《中华人民共和国劳动争议调解仲裁法》《中华人民共和国民事诉讼法》等相关法律规定，结合审判实践，制定本解释。	
《劳动争议司法解释》 **第一条** 劳动者与用人单位之间发生的下列纠纷，属于**《劳动法》第二条规定的**劳动争议，当事人不服劳动争议仲裁**委员会**作出的裁决，依法**向人民法院起诉**的，人民法院应当受理： （一）劳动者与用人单位在履行劳动合同过程中发生的纠纷； （二）劳动者与用人单位之间没有订立书面劳动合同，但已形成劳动关系后发生的纠纷；	**第一条** 劳动者与用人单位之间发生的下列纠纷，属于劳动争议，当事人不服劳动争议仲裁**机构**作出的裁决，依法**提起诉讼**的，人民法院应予受理： （一）劳动者与用人单位在履行劳动合同过程中发生的纠纷； （二）劳动者与用人单位之间没有订立书面劳动合同，但已形成劳动关系后发生的纠纷； （三）劳动者**与**用人单位因劳动关系是否已经解除或者终止，	法条合并，表述调整。

① 《最高人民法院关于审理劳动争议案件适用法律若干问题的解释》以下简称《劳动争议司法解释》；《最高人民法院关于审理劳动争议案件适用法律若干问题的解释（二）》以下简称《劳动争议司法解释（二）》；《最高人民法院关于审理劳动争议案件适用法律若干问题的解释（三）》以下简称《劳动争议司法解释（三）》；《最高人民法院关于审理劳动争议案件适用法律若干问题的解释（四）》以下简称《劳动争议司法解释（四）》。

② 《最高人民法院关于审理劳动争议案件适用法律问题的解释（一）》以下简称 2020 年《劳动争议司法解释（一）》。

劳动争议司法解释	2020 年《劳动争议司法解释（一）》	解读
（三）劳动者退休后，与尚未参加社会保险统筹的原用人单位因追索养老金、医疗费、工伤保险待遇和其他社会保险费而发生的纠纷。 **《劳动争议司法解释（二）》** **第四条** 用人单位**和**劳动者因劳动关系是否已经解除或者终止，以及应否支付解除**或**终止劳动关系经济补偿金**产生**的**争议，经劳动争议仲裁委员会仲裁后，当事人依法起诉的，人民法院应予受理。** **第五条** 劳动者与用人单位解除或者终止劳动关系后，请求用人单位返还其收取的劳动合同定金、保证金、抵押金、抵押物**产生**的**争议**，或者办理劳动者的人事档案、社会保险关系等移转手续**产生**的**争议，经劳动争议仲裁委员会仲裁后，当事人依法起诉的，人民法院应予受理。** **第六条** 劳动者因为工伤、职业病，请求用人单位依法**承担**给予工伤保险待遇的**争议，经劳动争议仲裁委员会仲裁后，当事人依法起诉的，人民法院应予受理。** **《劳动争议司法解释（三）》** **第一条** 劳动者以用人单位未为其办理社会保险手续，且社会保险经办机构不能补办导致其无法享受社会保险待遇为由，要求用人单位赔偿损失而发生**争议的，人民法院应予受理。**	以及应否支付解除**或者**终止劳动关系经济补偿金**发生的纠纷**； （四）劳动者与用人单位解除或者终止劳动关系后，请求用人单位返还其收取的劳动合同定金、保证金、抵押金、抵押物**发生**的**纠纷**，或者办理劳动者的人事档案、社会保险关系等移转手续**发生**的**纠纷**； （五）劳动者以用人单位未为其办理社会保险手续，且社会保险经办机构不能补办导致其无法享受社会保险待遇为由，要求用人单位赔偿损失发生**的纠纷**； （六）劳动者退休后，与尚未参加社会保险统筹的原用人单位因追索养老金、医疗费、工伤保险待遇和其他社会保险**待遇**而发生的纠纷； （七）劳动者因为工伤、职业病，请求用人单位依法给予工伤保险待遇**发生**的**纠纷**； （八）劳动者依据劳动合同法第八十五条规定，要求用人单位支付加付赔偿金**发生的纠纷**； （九）因企业自主进行改制发生的**纠纷**。	

劳动争议司法解释	2020 年《劳动争议司法解释（一）》	解读
第二条 因企业自主进行改制引发的**争议，人民法院应予受理。** **第三条** 劳动者依据劳动合同法第八十五条规定，**向人民法院提起诉讼**，要求用人单位支付加付赔偿金**的，人民法院应予受理。**		
《劳动争议司法解释（二）》 **第七条** 下列纠纷不属于劳动争议： （一）劳动者请求社会保险经办机构发放社会保险金的纠纷； （二）劳动者与用人单位因住房制度改革产生的公有住房转让纠纷； （三）劳动者对劳动能力鉴定委员会的伤残等级鉴定结论或者对职业病诊断鉴定委员会的职业病诊断鉴定结论的异议纠纷； （四）家庭或者个人与家政服务人员之间的纠纷； （五）个体工匠与帮工、学徒之间的纠纷； （六）农村承包经营户与受雇人之间的纠纷。	**第二条** 下列纠纷不属于劳动争议： （一）劳动者请求社会保险经办机构发放社会保险金的纠纷； （二）劳动者与用人单位因住房制度改革产生的公有住房转让纠纷； （三）劳动者对劳动能力鉴定委员会的伤残等级鉴定结论或者对职业病诊断鉴定委员会的职业病诊断鉴定结论的异议纠纷； （四）家庭或者个人与家政服务人员之间的纠纷； （五）个体工匠与帮工、学徒之间的纠纷； （六）农村承包经营户与受雇人之间的纠纷。	
《劳动争议司法解释》 **第八条** 劳动争议案件由用人单位所在地或者劳动合同履行地的基层人民法院管辖。 劳动合同履行地不明确的，由用人单位所在地的基层人民法院管辖。	**第三条** 劳动争议案件由用人单位所在地或者劳动合同履行地的基层人民法院管辖。 劳动合同履行地不明确的，由用人单位所在地的基层人民法院管辖。 **法律另有规定的，依照其规定。**	新增第 3 款。
《劳动争议司法解释》 **第九条 当事人双方不服劳动争议仲裁委员会作出的同一仲裁裁决，均向同一人民法院起诉**	**第四条** 劳动者**与**用人单位均不服劳动争议仲裁**机构**的同一裁决，向同一人民法院起诉的，人民法院应当并案审理，双方当	将原两条司法解释合并成一条，并略作调整。

劳动争议司法解释	2020 年《劳动争议司法解释（一）》	解读
的，先起诉的一方当事人为原告，但对双方的诉讼请求，人民法院应当一并作出裁决。 **当事人双方**就同一仲裁裁决分别向有管辖权的人民法院起诉的，后受理的人民法院应当将案件移送给先受理的人民法院。 **《劳动争议司法解释（二）》** **第十一条** 劳动者**和**用人单位均不服劳动争议仲裁**委员会**的同一裁决，向同一人民法院起诉的，人民法院应当并案审理，双方当事人互为原告和被告。在诉讼过程中，一方当事人撤诉的，人民法院应当根据另一方当事人的诉讼请求继续审理。	事人互为原告和被告，对双方的诉讼请求，人民法院应当一并作出裁决。在诉讼过程中，一方当事人撤诉的，人民法院应当根据另一方当事人的诉讼请求继续审理。**双方当事人**就同一仲裁裁决分别向有管辖权的人民法院起诉的，后受理的人民法院应当将案件移送给先受理的人民法院。	
《劳动争议司法解释（四）》 **第一条** 劳动**人事**争议仲裁**委员会**以无管辖权为由对劳动争议案件不予受理，当事人提起诉讼的，人民法院按照以下情形分别处理： （一）经审查认为该劳动**人事**争议仲裁**委员会**对案件确无管辖权的，应当告知当事人向有管辖权的劳动**人事**争议仲裁**委员会**申请仲裁； （二）经审查认为该劳动**人事**争议仲裁**委员会**有管辖权的，应当告知当事人申请仲裁，并将审查意见书面通知该劳动**人事**争议仲裁**委员会**，劳动**人事**争议仲裁**委员会**仍不受理，当事人就该劳动争议事项提起诉讼的，应予受理。	**第五条** 劳动争议仲裁**机构**以无管辖权为由对劳动争议案件不予受理，当事人提起诉讼的，人民法院按照以下情形分别处理： （一）经审查认为该劳动争议仲裁**机构**对案件确无管辖权的，应当告知当事人向有管辖权的劳动争议仲裁**机构**申请仲裁； （二）经审查认为该劳动争议仲裁**机构**有管辖权的，应当告知当事人申请仲裁，并将审查意见书面通知该劳动争议仲裁**机构**；劳动争议仲裁**机构**仍不受理，当事人就该劳动争议事项提起诉讼的，**人民法院**应予受理。	文字性修改。

劳动争议司法解释	2020 年《劳动争议司法解释（一）》	解读
《劳动争议司法解释》 **第二条**　劳动争议仲裁**委员会**以当事人申请仲裁的事项不属于劳动争议为由，作出不予受理的书面裁决、决定或者通知，当事人不服，依法**向**人民法院**起诉**的，人民法院应当分别情况予以处理： （一）属于劳动争议案件的，应当受理； （二）虽不属于劳动争议案件，但属于人民法院主管的其他案件，应当依法受理。	**第六条**　劳动争议仲裁**机构**以当事人申请仲裁的事项不属于劳动争议为由，作出不予受理的书面裁决、决定或者通知，当事人不服依法**提起诉讼**的，人民法院应当分别情况予以处理： （一）属于劳动争议案件的，应当受理； （二）虽不属于劳动争议案件，但属于人民法院主管的其他案件，应当依法受理。	文字性修改。
《劳动争议司法解释》 **第四条**　劳动争议仲裁**委员会**以申请仲裁的主体不适格为由，作出不予受理的书面裁决、决定或者通知，当事人不服，依法**向**人民法院**起诉的**，经审查，确属主体不适格的，裁定**不予受理或者**驳回起诉。	**第七条**　劳动争议仲裁**机构**以申请仲裁的主体不适格为由，作出不予受理的书面裁决、决定或者通知，当事人不服依法**提起诉讼**，经审查确属主体不适格的，**人民法院不予受理；已经受理的，**裁定驳回起诉。	表述调整，明确处理方式。
《劳动争议司法解释》 **第五条**　劳动争议仲裁**委员会**为纠正原仲裁裁决错误重新作出裁决，当事人不服，依法**向**人民法院**起诉**的，人民法院应当受理。	**第八条**　劳动争议仲裁**机构**为纠正原仲裁裁决错误重新作出裁决，当事人不服依法**提起诉讼**的，人民法院应当受理。	文字性修改。
《劳动争议司法解释》 **第七条**　劳动争议仲裁**委员会**仲裁的事项不属于人民法院受理的案件范围，当事人不服，依法**向**人民法院**起诉**的，裁定**不予受理或者**驳回起诉。	**第九条**　劳动争议仲裁**机构**仲裁的事项不属于人民法院受理的案件范围，当事人不服依法**提起诉讼**的，**人民法院不予受理；已经受理的，**裁定驳回起诉。	调整表述，进一步明确处理方式。

劳动争议司法解释	2020 年《劳动争议司法解释（一）》	解读
《劳动争议司法解释（二）》 **第八条** 当事人不服劳动争议仲裁**委员会**作出的预先支付劳动者**部分工资或者医疗费用**的裁决，**向人民法院起诉**的，人民法院不予受理。 用人单位不履行上述裁决中的给付义务，劳动者依法**向人民法院**申请强制执行的，人民法院应予受理。	**第十条** 当事人不服劳动争议仲裁**机构**作出的预先支付劳动者**劳动报酬、工伤医疗费、经济补偿或者赔偿金**的裁决，**依法提起诉讼**的，人民法院不予受理。 用人单位不履行上述裁决中的给付义务，劳动者依法申请强制执行的，人民法院应予受理。	扩大预支劳动者款项的范围至“劳动报酬、工伤医疗费、经济补偿或者赔偿金”。
《劳动争议司法解释（三）》 **第十一条** 劳动**人事**争议仲裁**委员会**作出的调解书已经发生法律效力，一方当事人反悔提起诉讼的，人民法院不予受理；已经受理的，裁定驳回起诉。	**第十一条** 劳动争议仲裁**机构**作出的调解书已经发生法律效力，一方当事人反悔提起诉讼的，人民法院不予受理；已经受理的，裁定驳回起诉。	文字性修改。
《劳动争议司法解释（三）》 **第十二条** 劳动**人事**争议仲裁**委员会**逾期未作出受理决定或仲裁裁决，当事人直接提起诉讼的，人民法院应予受理，但申请仲裁的案件存在下列事由的除外： （一）移送管辖的； （二）正在送达或送达延误的； （三）等待另案诉讼结果、评残结论的； （四）正在等待劳动**人事**争议仲裁**委员会**开庭的； （五）启动鉴定程序或者委托其他部门调查取证的； （六）其他正当事由。 当事人以劳动**人事**争议仲裁**委员会**逾期未作出仲裁裁决为由提起诉讼的，应当提交**劳动人事**	**第十二条** 劳动争议仲裁**机构**逾期未作出受理决定或仲裁裁决，当事人直接提起诉讼的，人民法院应予受理，但申请仲裁的案件存在下列事由的除外： （一）移送管辖的； （二）正在送达或者送达延误的； （三）等待另案诉讼结果、评残结论的； （四）正在等待劳动争议仲裁**机构**开庭的； （五）启动鉴定程序或者委托其他部门调查取证的； （六）其他正当事由。 当事人以劳动争议仲裁**机构**逾期未作出仲裁裁决为由提起诉讼的，应当提交**该仲裁机构**出具的受理通知书或者其他已接受仲	文字性修改。

劳动争议司法解释	2020年《劳动争议司法解释（一）》	解读
争议仲裁委员会出具的受理通知书或者其他已接受仲裁申请的凭证或证明。	裁申请的凭证、证明。	
《劳动争议司法解释（三）》 **第十七条**　劳动者依据劳动合同法第三十条第二款和调解仲裁法第十六条规定向人民法院申请支付令，符合民事诉讼法第十七章督促程序规定的，人民法院应予受理。 依据劳动合同法第三十条第二款规定申请支付令被人民法院裁定终结督促程序后，劳动者就劳动争议事项直接**向人民法院起诉**的，人民法院应当告知其先向劳动**人事**争议仲裁**委员会**申请仲裁。 依据调解仲裁法第十六条规定申请支付令被人民法院裁定终结督促程序后，劳动者依据调解协议直接**向人民法院**提起诉讼的，人民法院应予受理。	**第十三条**　劳动者依据劳动合同法第三十条第二款和调解仲裁法第十六条规定向人民法院申请支付令，符合民事诉讼法第十七章督促程序规定的，人民法院应予受理。 依据劳动合同法第三十条第二款规定申请支付令被人民法院裁定终结督促程序后，劳动者就劳动争议事项直接**提起诉讼**的，人民法院应当告知其先向劳动争议仲裁**机构**申请仲裁。 依据调解仲裁法第十六条规定申请支付令被人民法院裁定终结督促程序后，劳动者依据调解协议直接提起诉讼的，人民法院应予受理。	文字性修改。
《劳动争议司法解释》 **第六条**　人民法院受理劳动争议案件后，当事人增加诉讼请求的，如该诉讼请求与讼争的劳动争议具有不可分性，应当合并审理；如属独立的劳动争议，应当告知当事人向劳动争议仲裁**委员会**申请仲裁。	**第十四条**　人民法院受理劳动争议案件后，当事人增加诉讼请求的，如该诉讼请求与讼争的劳动争议具有不可分性，应当合并审理；如属独立的劳动争议，应当告知当事人向劳动争议仲裁**机构**申请仲裁。	文字性修改。

劳动争议司法解释	2020 年《劳动争议司法解释（一）》	解读
《劳动争议司法解释（二）》 **第三条** 劳动者以用人单位的工资欠条为证据直接**向人民法院起诉**，诉讼请求不涉及劳动关系其他争议的，视为拖欠劳动报酬争议，按照普通民事纠纷受理。	**第十五条** 劳动者以用人单位的工资欠条为证据直接**提起诉讼**，诉讼请求不涉及劳动关系其他争议的，视为拖欠劳动报酬争议，**人民法院**按照普通民事纠纷受理。	文字性修改。
《劳动争议司法解释》 **第十七条** 劳动争议仲裁**委员会**作出仲裁裁决后，当事人对裁决中的部分事项不服，依法**向人民法院起诉**的，劳动争议仲裁裁决不发生法律效力。	**第十六条** 劳动争议仲裁**机构**作出仲裁裁决后，当事人对裁决中的部分事项不服，依法**提起诉讼**的，劳动争议仲裁裁决不发生法律效力。	文字性修改。
《劳动争议司法解释》 **第十八条** 劳动争议仲裁**委员会**对多个劳动者的劳动争议作出仲裁裁决后，部分劳动者对仲裁裁决不服，依法**向人民法院起诉**的，仲裁裁决对**提出起诉**的劳动者不发生法律效力；对未**提出起诉**的部分劳动者，发生法律效力，如其申请执行的，人民法院应当受理。	**第十七条** 劳动争议仲裁**机构**对多个劳动者的劳动争议作出仲裁裁决后，部分劳动者对仲裁裁决不服，依法**提起诉讼**的，仲裁裁决对**提起诉讼**的劳动者不发生法律效力；对未**提起诉讼**的部分劳动者，发生法律效力，如其申请执行的，人民法院应当受理。	文字性修改。
《劳动争议司法解释（四）》 **第二条** 仲裁裁决的类型以仲裁裁决书确定为准。 仲裁裁决书未载明该裁决为终局裁决或非终局裁决，用人单位不服该仲裁裁决向基层人民法院提起诉讼的，应当按照以下情形分别处理： （一）经审查认为该仲裁裁决为非终局裁决的，基层人民法院应予受理； （二）经审查认为该仲裁裁决	**第十八条** 仲裁裁决的类型以仲裁裁决书确定为准。仲裁裁决书未载明该裁决为终局裁决或者非终局裁决，用人单位不服该仲裁裁决向基层人民法院提起诉讼的，应当按照以下情形分别处理： （一）经审查认为该仲裁裁决为非终局裁决的，基层人民法院应予受理； （二）经审查认为该仲裁裁决为终局裁决的，基层人民法院	文字性修改。

劳动争议司法解释	2020 年《劳动争议司法解释（一）》	解读
为终局裁决的，基层人民法院不予受理，但应告知用人单位可以自收到不予受理裁定书之日起三十日内向劳动**人事**争议仲裁**委员会**所在地的中级人民法院申请撤销该仲裁裁决；已经受理的，裁定驳回起诉。	不予受理，但应告知用人单位可以自收到不予受理裁定书之日起三十日内向劳动争议仲裁**机构**所在地的中级人民法院申请撤销该仲裁裁决；已经受理的，裁定驳回起诉。	
《劳动争议司法解释（三）》 **第十三条**　劳动者依据调解仲裁法第四十七条第（一）项规定，追索劳动报酬、工伤医疗费、经济补偿或者赔偿金，如果仲裁裁决涉及数项，每项确定的数额均不超过当地月最低工资标准十二个月金额的，应当按照终局裁决处理。	**第十九条　仲裁裁决书未载明该裁决为终局裁决或者非终局裁决，**劳动者依据调解仲裁法第四十七条第一项规定，追索劳动报酬、工伤医疗费、经济补偿或者赔偿金，如果仲裁裁决涉及数项，每项确定的数额均不超过当地月最低工资标准十二个月金额的，应当按照终局裁决处理。	新增前提条件："仲裁裁决书未载明该裁决为终局裁决或者非终局裁决"。
《劳动争议司法解释（三）》 **第十四条**　劳动**人事**争议仲裁**委员会**作出的同一仲裁裁决同时包含终局裁决事项和非终局裁决事项，当事人不服该仲裁裁决向人民法院提起诉讼的，应当按照非终局裁决处理。	**第二十条**　劳动争议仲裁**机构**作出的同一仲裁裁决同时包含终局裁决事项和非终局裁决事项，当事人不服该仲裁裁决向人民法院提起诉讼的，应当按照非终局裁决处理。	文字性修改。
《劳动争议司法解释（三）》 **第十五条**　劳动者依据调解仲裁法第四十八条规定向基层人民法院提起诉讼，用人单位依据调解仲裁法第四十九条规定向劳动**人事**争议仲裁**委员会**所在地的中级人民法院申请撤销仲裁裁决的，中级人民法院**应**不予受理；已经受理的，应当裁定驳回申请。	**第二十一条**　劳动者依据调解仲裁法第四十八条规定向基层人民法院提起诉讼，用人单位依据调解仲裁法第四十九条规定向劳动争议仲裁**机构所在地**的中级人民法院申请撤销仲裁裁决的，中级人民法院**应当**不予受理；已经受理的，应当裁定驳回申请。 被人民法院驳回起诉或者劳	文字性修改。

劳动争议司法解释	2020年《劳动争议司法解释（一）》	解读
被人民法院驳回起诉或者劳动者撤诉的，用人单位可以自收到裁定书之日起三十日内，向劳动**人事**争议仲裁**委员会**所在地的中级人民法院申请撤销仲裁裁决。	动者撤诉的，用人单位可以自收到裁定书之日起三十日内，向劳动争议仲裁**机构**所在地的中级人民法院申请撤销仲裁裁决。	
《劳动争议司法解释（三）》 **第十六条** 用人单位**依照**调解仲裁法第四十九条规定向中级人民法院申请撤销仲裁裁决，中级人民法院作出的驳回申请或者撤销仲裁裁决的裁定为终审裁定。	**第二十二条** 用人单位**依据**调解仲裁法第四十九条规定向中级人民法院申请撤销仲裁裁决，中级人民法院作出的驳回申请或者撤销仲裁裁决的裁定为终审裁定。	文字性修改。
《劳动争议司法解释（四）》 **第三条** 中级人民法院审理用人单位申请撤销终局裁决的案件，应当组成合议庭开庭审理。经过阅卷、调查和询问当事人，对没有新的事实、证据或者理由，合议庭认为不需要开庭审理的，可以不开庭审理。 中级人民法院可以组织双方当事人调解。达成调解协议的，可以制作调解书。一方当事人逾期不履行调解协议的，另一方可以申请人民法院强制执行。	**第二十三条** 中级人民法院审理用人单位申请撤销终局裁决的案件，应当组成合议庭开庭审理。经过阅卷、调查和询问当事人，对没有新的事实、证据或者理由，合议庭认为不需要开庭审理的，可以不开庭审理。 中级人民法院可以组织双方当事人调解。达成调解协议的，可以制作调解书。一方当事人逾期不履行调解协议的，另一方可以申请人民法院强制执行。	
《劳动争议司法解释》 **第二十一条** 当事人申请人民法院执行劳动争议仲裁机构作出的发生法律效力的裁决书、调解书，被申请人提出证据证明劳动争议仲裁裁决书、调解书有下列情形之一，并经审查核实的，人民法院可以根据《民事诉讼法》**第二百一十三条之**规定，裁定不予执行：	**第二十四条** 当事人申请人民法院执行劳动争议仲裁机构作出的发生法律效力的裁决书、调解书，被申请人提出证据证明劳动争议仲裁裁决书、调解书有下列情形之一，并经审查核实的，人民法院可以根据民事诉讼法**第二百三十七条**规定，裁定不予执行：	2020年《劳动争议司法解释（一）》增加了三种不予执行的情形。

劳动争议司法解释	2020年《劳动争议司法解释（一）》	解读
（一）裁决的事项不属于劳动争议仲裁范围，或者劳动争议仲裁机构无权仲裁的； （二）适用法律确有错误的； （三）仲裁员仲裁该案时，有徇私舞弊、枉法裁决行为的； （四）人民法院认定执行该劳动争议仲裁裁决违背社会公共利益的。 人民法院在不予执行的裁定书中，应当告知当事人在收到裁定书之次日起**30**日内，可以就该劳动争议事项向人民法院起诉。	（一）裁决的事项不属于劳动争议仲裁范围，或者劳动争议仲裁机构无权仲裁的； （二）适用法律、**法规**确有错误的； **（三）违反法定程序的；** **（四）裁决所根据的证据是伪造的；** **（五）对方当事人隐瞒了足以影响公正裁决的证据的；** （六）仲裁员在仲裁该案时有**索贿受贿**、徇私舞弊、枉法裁决行为的； （七）人民法院认定执行该劳动争议仲裁裁决违背社会公共利益的。 人民法院在不予执行的裁定书中，应当告知当事人在收到裁定书之次日起**三十**日内，可以就该劳动争议事项向人民法院**提起诉讼**。	
《劳动争议司法解释（三）》 **第十八条**　劳动**人事**争议仲裁**委员会**作出终局裁决，劳动者向人民法院申请执行，用人单位向劳动**人事**争议仲裁**委员会**所在地的中级人民法院申请撤销的，人民法院应当裁定中止执行。 用人单位撤回、撤销终局裁决申请或者其申请被驳回的，人民法院应当裁定恢复执行。仲裁裁决被撤销的，人民法院应当裁定终结执行。 用人单位向人民法院申请撤销仲裁裁决被驳回后，又在执行程序中以相同理由提出不予执行抗辩的，人民法院不予支持。	**第二十五条**　劳动争议仲裁**机构**作出终局裁决，劳动者向人民法院申请执行，用人单位向劳动争议仲裁**机构**所在地的中级人民法院申请撤销的，人民法院应当裁定中止执行。 用人单位撤回撤销终局裁决申请或者其申请被驳回的，人民法院应当裁定恢复执行。仲裁裁决被撤销的，人民法院应当裁定终结执行。 用人单位向人民法院申请撤销仲裁裁决被驳回后，又在执行程序中以相同理由提出不予执行抗辩的，人民法院不予支持。	文字性修改。

劳动争议司法解释	2020年《劳动争议司法解释（一）》	解读
《劳动争议司法解释》 **第十条** 用人单位与其它单位合并的，合并前发生的劳动争议，由合并后的单位为当事人；用人单位分立为若干单位的，其分立前发生的劳动争议，由分立后的实际用人单位为当事人。 用人单位分立为若干单位后，**对**承受劳动权利义务的单位不明确的，分立后的单位均为当事人。	**第二十六条** 用人单位与其它单位合并的，合并前发生的劳动争议，由合并后的单位为当事人；用人单位分立为若干单位的，其分立前发生的劳动争议，由分立后的实际用人单位为当事人。 用人单位分立为若干单位后，**具体**承受劳动权利义务的单位不明确的，分立后的单位均为当事人。	文字性修改。
《劳动争议司法解释》 **第十一条** 用人单位招用尚未解除劳动合同的劳动者，原用人单位与劳动者发生的劳动争议，可以列新的用人单位为第三人。 原用人单位以新的用人单位侵权为由**向人民法院起诉**的，可以列劳动者为第三人。 原用人单位以新的用人单位和劳动者共同侵权为由**向人民法院起诉**的，新的用人单位和劳动者列为共同被告。	**第二十七条** 用人单位招用尚未解除劳动合同的劳动者，原用人单位与劳动者发生的劳动争议，可以列新的用人单位为第三人。 原用人单位以新的用人单位侵权为由**提起诉讼**的，可以列劳动者为第三人。 原用人单位以新的用人单位和劳动者共同侵权为由**提起诉讼**的，新的用人单位和劳动者列为共同被告。	文字性修改。
《劳动争议司法解释》 **第十二条** 劳动者在用人单位与其他平等主体之间的承包经营期间，与发包方和承包方双方或者一方发生劳动争议，依法**向人民法院起诉**的，应当将承包方和发包方作为当事人。	**第二十八条** 劳动者在用人单位与其他平等主体之间的承包经营期间，与发包方和承包方双方或者一方发生劳动争议，依法**提起诉讼**的，应当将承包方和发包方作为当事人。	文字性修改。
《劳动争议司法解释（三）》 **第四条** 劳动者与未办理营业执照、营业执照被吊销或者营业期限届满仍继续经营的用人单位发生争议的，应当将用人单位或者其出资人列为当事人。	**第二十九条** 劳动者与未办理营业执照、营业执照被吊销或者营业期限届满仍继续经营的用人单位发生争议的，应当将用人单位或者其出资人列为当事人。	

劳动争议司法解释	2020年《劳动争议司法解释（一）》	解读
《劳动争议司法解释（三）》 **第五条** 未办理营业执照、营业执照被吊销或者营业期限届满仍继续经营的用人单位，以挂靠等方式借用他人营业执照经营的，应当将用人单位和营业执照出借方列为当事人。	**第三十条** 未办理营业执照、营业执照被吊销或者营业期限届满仍继续经营的用人单位，以挂靠等方式借用他人营业执照经营的，应当将用人单位和营业执照出借方列为当事人。	
《劳动争议司法解释（三）》 **第六条** 当事人不服劳动**人事**争议仲裁**委员会**作出的仲裁裁决，依法**向人民法院**提起诉讼，人民法院审查认为仲裁裁决遗漏了必须共同参加仲裁的当事人的，应当依法追加遗漏的人为诉讼当事人。 被追加的当事人应当承担责任的，人民法院应当一并处理。	**第三十一条** 当事人不服劳动争议仲裁**机构**作出的仲裁裁决，依法提起诉讼，人民法院审查认为仲裁裁决遗漏了必须共同参加仲裁的当事人的，应当依法追加遗漏的人为诉讼当事人。 被追加的当事人应当承担责任的，人民法院应当一并处理。	文字性修改。
《劳动争议司法解释（三）》 **第七条** 用人单位与其招用的已经依法享受养老保险待遇**或**领取退休金的人员发生用工争议，**向人民法院**提起诉讼的，人民法院应当按劳务关系处理。 **第八条** 企业停薪留职人员、未达到法定退休年龄的内退人员、下岗待岗人员以及企业经营性停产放长假人员，因与新的用人单位发生用工争议，**依法向人民法院**提起诉讼的，人民法院应当按劳动关系处理。	**第三十二条** 用人单位与其招用的已经依法享受养老保险待遇**或者**领取退休金的人员发生用工争议**而**提起诉讼的，人民法院应当按劳务关系处理。 企业停薪留职人员、未达到法定退休年龄的内退人员、下岗待岗人员以及企业经营性停产放长假人员，因与新的用人单位发生用工争议**而**提起诉讼的，人民法院应当按劳动关系处理。	将《劳动争议司法解释（二）》两条规定合并成一条，并略作调整。
《劳动争议司法解释（四）》 **第十四条** 外国人、无国籍人未依法取得就业证件即与**中国**境内的用人单位签订劳动合同，**以及香港特别行政区、澳门特别行政区**	**第三十三条** 外国人、无国籍人未依法取得就业证件即与**中华人民共和国**境内的用人单位签订劳动合同，当事人请求确认与用人单位存在劳动关系的，人民	表述调整，删除"香港特别行政区、澳门特别行政区和

劳动争议司法解释	2020 年《劳动争议司法解释（一）》	解读
和台湾地区居民未依法取得就业证件即与内地用人单位签订劳动合同，当事人请求确认与用人单位存在劳动关系的，人民法院不予支持。 持有《外国专家证》并取得《外国专家来华工作许可证》的外国人，与**中国**境内的用人单位建立用工关系的，可以认定为劳动关系。	法院不予支持。 持有《外国专家证》并取得《外国人来华工作许可证》的外国人，与**中华人民共和国**境内的用人单位建立用工关系的，可以认定为劳动关系。	台湾地区居民未依法取得就业证件即与内地用人单位签订劳动合同”。
《劳动争议司法解释》 **第十六条** 劳动合同期满后，劳动者仍在原用人单位工作，原用人单位未表示异议的，视为双方同意以原条件继续履行劳动合同。一方提出终止劳动关系的，人民法院应当支持。 根据**《劳动法》第二十条之**规定，用人单位应当与劳动者签订无固定期限劳动合同而未签订的，人民法院可以视为双方之间存在无固定期限劳动合同关系，并以原劳动合同确定双方的权利义务关系。	**第三十四条** 劳动合同期满后，劳动者仍在原用人单位工作，原用人单位未表示异议的，视为双方同意以原条件继续履行劳动合同。一方提出终止劳动关系的，人民法院应予支持。 根据**劳动合同法第十四条**规定，用人单位应当与劳动者签订无固定期限劳动合同而未签订的，人民法院可以视为双方之间存在无固定期限劳动合同关系，并以原劳动合同确定双方的权利义务关系。	法律依据调整。
《劳动争议司法解释（三）》 **第十条** 劳动者与用人单位就解除或者终止劳动合同办理相关手续、支付工资报酬、加班费、经济补偿或者赔偿金等达成的协议，不违反法律、行政法规的强制性规定，且不存在欺诈、胁迫或者乘人之危情形的，应当认定有效。 前款协议存在重大误解或者显失公平情形，当事人请求撤销的，人民法院应予支持。	**第三十五条** 劳动者与用人单位就解除或者终止劳动合同办理相关手续、支付工资报酬、加班费、经济补偿或者赔偿金等达成的协议，不违反法律、行政法规的强制性规定，且不存在欺诈、胁迫或者乘人之危情形的，应当认定有效。 前款协议存在重大误解或者显失公平情形，当事人请求撤销的，人民法院应予支持。	

劳动争议司法解释	2020 年《劳动争议司法解释（一）》	解读
《劳动争议司法解释（四）》 **第六条** 当事人在劳动合同或者保密协议中约定了竞业限制，但未约定解除或者终止劳动合同后给予劳动者经济补偿，劳动者履行了竞业限制义务，要求用人单位按照劳动者在劳动合同解除或者终止前十二个月平均工资的30%按月支付经济补偿的，人民法院应予支持。 前款规定的月平均工资的30%低于劳动合同履行地最低工资标准的，按照劳动合同履行地最低工资标准支付。	**第三十六条** 当事人在劳动合同或者保密协议中约定了竞业限制，但未约定解除或者终止劳动合同后给予劳动者经济补偿，劳动者履行了竞业限制义务，要求用人单位按照劳动者在劳动合同解除或者终止前十二个月平均工资的30%按月支付经济补偿的，人民法院应予支持。 前款规定的月平均工资的30%低于劳动合同履行地最低工资标准的，按照劳动合同履行地最低工资标准支付。	
《劳动争议司法解释（四）》 **第七条** 当事人在劳动合同或者保密协议中约定了竞业限制和经济补偿，当事人解除劳动合同时，除另有约定外，用人单位要求劳动者履行竞业限制义务，或者劳动者履行了竞业限制义务后要求用人单位支付经济补偿的，人民法院应予支持。	**第三十七条** 当事人在劳动合同或者保密协议中约定了竞业限制和经济补偿，当事人解除劳动合同时，除另有约定外，用人单位要求劳动者履行竞业限制义务，或者劳动者履行了竞业限制义务后要求用人单位支付经济补偿的，人民法院应予支持。	
《劳动争议司法解释（四）》 **第八条** 当事人在劳动合同或者保密协议中约定了竞业限制和经济补偿，劳动合同解除或者终止后，因用人单位的原因导致三个月未支付经济补偿，劳动者请求解除竞业限制约定的，人民法院应予支持。	**第三十八条** 当事人在劳动合同或者保密协议中约定了竞业限制和经济补偿，劳动合同解除或者终止后，因用人单位的原因导致三个月未支付经济补偿，劳动者请求解除竞业限制约定的，人民法院应予支持。	
《劳动争议司法解释（四）》 **第九条** 在竞业限制期限内，用人单位请求解除竞业限制协议时，人民法院应予支持。	**第三十九条** 在竞业限制期限内，用人单位请求解除竞业限制协议的，人民法院应予支持。 在解除竞业限制协议时，劳	

劳动争议司法解释	2020 年《劳动争议司法解释（一）》	解读
在解除竞业限制协议时，劳动者请求用人单位额外支付劳动者三个月的竞业限制经济补偿的，人民法院应予支持。	动者请求用人单位额外支付劳动者三个月的竞业限制经济补偿的，人民法院应予支持。	
《劳动争议司法解释（四）》 **第十条**　劳动者违反竞业限制约定，向用人单位支付违约金后，用人单位要求劳动者按照约定继续履行竞业限制义务的，人民法院应予支持。	**第四十条**　劳动者违反竞业限制约定，向用人单位支付违约金后，用人单位要求劳动者按照约定继续履行竞业限制义务的，人民法院应予支持。	
《劳动争议司法解释》 **第十四条**　劳动合同被确认为无效**后**，用人单位**对**劳动者付出**的**劳动，**一般可参照本单位同期、同工种、同岗位的工资标准**支付劳动报酬。 **根据《劳动法》第九十七条之规定，**由于用人单位**的**原因订立**的**无效合同，给劳动者造成损害的，**应当比照违反和解除劳动合同经济补偿金的支付标准，**赔偿劳动者因合同无效所造成的经济损失。	**第四十一条**　劳动合同被确认为无效，劳动者**已**付出劳动**的，**用人单位**应当按照劳动合同法第二十八条、第四十六条、第四十七条的规定向劳动者**支付劳动报酬**和经济补偿**。 由于用人单位原因订立无效**劳动**合同，给劳动者造成损害的，**用人单位应当**赔偿劳动者因合同无效所造成的经济损失。	将劳动合同被确认为无效，用人单位向已付出劳动的劳动者支付劳动报酬和经济补偿的标准调整为“按照劳动合同法第二十八条、第四十六条、第四十七条的规定”，删除部分法律依据。
《劳动争议司法解释（三）》 **第九条**　劳动者主张加班费的，应当就加班事实的存在承担举证责任。但劳动者有证据证明用人单位掌握加班事实存在的证据，用人单位不提供的，由用人单位承担不利后果。	**第四十二条**　劳动者主张加班费的，应当就加班事实的存在承担举证责任。但劳动者有证据证明用人单位掌握加班事实存在的证据，用人单位不提供的，由用人单位承担不利后果。	

劳动争议司法解释	2020 年《劳动争议司法解释（一）》	解读
《劳动争议司法解释（四）》 **第十一条** 变更劳动合同未采用书面形式，但已经实际履行了口头变更的劳动合同超过一个月，且变更后的劳动合同内容不违反法律、行政法规**、国家政策以及**公序良俗，当事人以未采用书面形式为由主张劳动合同变更无效的，人民法院不予支持。	**第四十三条 用人单位与劳动者协商一致**变更劳动合同，**虽**未采用书面形式，但已经实际履行了口头变更的劳动合同超过一个月，变更后的劳动合同内容不违反法律、行政法规**且不违背**公序良俗，当事人以未采用书面形式为由主张劳动合同变更无效的，人民法院不予支持。	新增前提条件："用人单位与劳动者协商一致"，删除"国家政策"依据。
《劳动争议司法解释》 **第十三条** 因用人单位作出的开除、除名、辞退、解除劳动合同、减少劳动报酬、计算劳动者工作年限等决定而发生的劳动争议，用人单位负举证责任。	**第四十四条** 因用人单位作出的开除、除名、辞退、解除劳动合同、减少劳动报酬、计算劳动者工作年限等决定而发生的劳动争议，用人单位负举证责任。	
《劳动争议司法解释》 **第十五条** 用人单位有下列情形之一，迫使劳动者提出解除劳动合同的，用人单位应当支付劳动者的劳动报酬和经济补偿，并可支付赔偿金： （一）以暴力、威胁或者非法限制人身自由的手段强迫劳动的； （二）未按照劳动合同约定支付劳动报酬或者提供劳动条件的； （三）克扣或者无故拖欠劳动者工资的； （四）拒不支付劳动者延长工作时间工资报酬的； （五）低于当地最低工资标准支付劳动者工资的。	**第四十五条** 用人单位有下列情形之一，迫使劳动者提出解除劳动合同的，用人单位应当支付劳动者的劳动报酬和经济补偿，并可支付赔偿金： （一）以暴力、威胁或者非法限制人身自由的手段强迫劳动的； （二）未按照劳动合同约定支付劳动报酬或者提供劳动条件的； （三）克扣或者无故拖欠劳动者工资的； （四）拒不支付劳动者延长工作时间工资报酬的； （五）低于当地最低工资标准支付劳动者工资的。	

劳动争议司法解释	2020 年《劳动争议司法解释（一）》	解读
《劳动争议司法解释（四）》 **第五条** 劳动者非因本人原因从原用人单位被安排到新用人单位工作，原用人单位未支付经济补偿，劳动者依照劳动合同法第三十八条规定与新用人单位解除劳动合同，或者新用人单位向劳动者提出解除、终止劳动合同，在计算支付经济补偿或赔偿金的工作年限时，劳动者请求把在原用人单位的工作年限合并计算为新用人单位工作年限的，人民法院应予支持。 用人单位符合下列情形之一的，应当认定属于“劳动者非因本人原因从原用人单位被安排到新用人单位工作”： （一）劳动者仍在原工作场所、工作岗位工作，劳动合同主体由原用人单位变更为新用人单位； （二）用人单位以组织委派或任命形式对劳动者进行工作调动； （三）因用人单位合并、分立等原因导致劳动者工作调动； （四）用人单位及其关联企业与劳动者轮流订立劳动合同； （五）其他合理情形。	**第四十六条** 劳动者非因本人原因从原用人单位被安排到新用人单位工作，原用人单位未支付经济补偿，劳动者依据劳动合同法第三十八条规定与新用人单位解除劳动合同，或者新用人单位向劳动者提出解除、终止劳动合同，在计算支付经济补偿或赔偿金的工作年限时，劳动者请求把在原用人单位的工作年限合并计算为新用人单位工作年限的，人民法院应予支持。 用人单位符合下列情形之一的，应当认定属于“劳动者非因本人原因从原用人单位被安排到新用人单位工作”： （一）劳动者仍在原工作场所、工作岗位工作，劳动合同主体由原用人单位变更为新用人单位； （二）用人单位以组织委派或任命形式对劳动者进行工作调动； （三）因用人单位合并、分立等原因导致劳动者工作调动； （四）用人单位及其关联企业与劳动者轮流订立劳动合同； （五）其他合理情形。	
《劳动争议司法解释（四）》 **第十二条** 建立了工会组织的用人单位解除劳动合同符合劳动合同法第三十九条、第四十条规定，但未按照劳动合同法第四十三条规定事先通知工会，劳动者以用人单位违法解除劳动合同为由请求用人单位支付赔偿金的，人民法院应予支持，但起诉前用人单位已经补正有关程序的除外。	**第四十七条** 建立了工会组织的用人单位解除劳动合同符合劳动合同法第三十九条、第四十条规定，但未按照劳动合同法第四十三条规定事先通知工会，劳动者以用人单位违法解除劳动合同为由请求用人单位支付赔偿金的，人民法院应予支持，但起诉前用人单位已经补正有关程序的除外。	

劳动争议司法解释	2020年《劳动争议司法解释（一）》	解读
《劳动争议司法解释（四）》 **第十三条** 劳动合同法施行后，因用人单位经营期限届满不再继续经营导致劳动合同不能继续履行，劳动者请求用人单位支付经济补偿的，人民法院应予支持。	**第四十八条** 劳动合同法施行后，因用人单位经营期限届满不再继续经营导致劳动合同不能继续履行，劳动者请求用人单位支付经济补偿的，人民法院应予支持。	
《劳动争议司法解释（二）》 **第十四条** 在诉讼过程中，劳动者向人民法院申请采取财产保全措施，人民法院经审查认为申请人经济确有困难，或有证据证明用人单位存在欠薪逃匿可能的，应当减轻或者免除劳动者提供担保的义务，及时采取保全措施。 **第十五条** 人民法院作出的财产保全裁定中，应当告知当事人在劳动仲裁机构的裁决书或者在人民法院的裁判文书生效后三个月内申请强制执行。逾期不申请的，人民法院应当裁定解除保全措施。	**第四十九条** 在诉讼过程中，劳动者向人民法院申请采取财产保全措施，人民法院经审查认为申请人经济确有困难，或者有证据证明用人单位存在欠薪逃匿可能的，应当减轻或者免除劳动者提供担保的义务，及时采取保全措施。 人民法院作出的财产保全裁定中，应当告知当事人在劳动**争议**仲裁机构的裁决书或者在人民法院的裁判文书生效后三个月内申请强制执行。逾期不申请的，人民法院应当裁定解除保全措施。	将原两条司法解释合并成一条。
《劳动争议司法解释》 **第十九条** 用人单位根据《劳动法》第四条之规定，通过民主程序制定的规章制度，不违反国家法律、行政法规及政策规定，并已向劳动者公示的，可以作为**人民法院审理劳动争议案件**的依据。 **《劳动争议司法解释（二）》** **第十六条** 用人单位制定的内部规章制度与集体合同或者劳动合同约定的内容不一致，劳动者请求优先适用合同约定的，人民法院应予支持。	**第五十条** 用人单位根据**劳动合同法**第四条规定，通过民主程序制定的规章制度，不违反国家法律、行政法规及政策规定，并已向劳动者公示的，可以作为**确定双方权利义务**的依据。 用人单位制定的内部规章制度与集体合同或者劳动合同约定的内容不一致，劳动者请求优先适用合同约定的，人民法院应予支持。	将原两条司法解释合并成一条。

劳动争议司法解释	2020 年《劳动争议司法解释（一）》	解读
《劳动争议司法解释（二）》 **第十七条** 当事人在**劳动争议调解委员会**主持下达成的具有劳动权利义务内容的调解协议，具有劳动合同的约束力，可以作为人民法院裁判的根据。 当事人在**劳动争议调解委员会**主持下仅就劳动报酬争议达成调解协议，用人单位不履行调解协议确定的给付义务，劳动者直接**向人民法院起诉**的，人民法院可以按照普通民事纠纷受理。	**第五十一条** 当事人在**调解仲裁法第十条规定的调解组织**主持下达成的具有劳动权利义务内容的调解协议，具有劳动合同的约束力，可以作为人民法院裁判的根据。 当事人在**调解仲裁法第十条规定的调解组织**主持下仅就劳动报酬争议达成调解协议，用人单位不履行调解协议确定的给付义务，劳动者直接**提起诉讼**的，人民法院可以按照普通民事纠纷受理。	将调解组织修改为“调解仲裁法第十条规定的调解组织”。
《劳动争议司法解释（四）》 **第四条** 当事人在人民调解委员会主持下仅就给付义务达成的调解协议，双方认为有必要的，可以共同向人民调解委员会所在地的基层人民法院申请司法确认。	**第五十二条** 当事人在人民调解委员会主持下仅就给付义务达成的调解协议，双方认为有必要的，可以共同向人民调解委员会所在地的基层人民法院申请司法确认。	
《劳动争议司法解释》 **第二十条** 用人单位对劳动者作出的开除、除名、辞退等处理，或者因其他原因解除劳动合同确有错误的，人民法院可以依法判决予以撤销。 对于追索劳动报酬、养老金、医疗费以及工伤保险待遇、经济补偿金、培训费及其他相关费用等案件，给付数额不当的，人民法院可以予以变更。	**第五十三条** 用人单位对劳动者作出的开除、除名、辞退等处理，或者因其他原因解除劳动合同确有错误的，人民法院可以依法判决予以撤销。 对于追索劳动报酬、养老金、医疗费以及工伤保险待遇、经济补偿金、培训费及其他相关费用等案件，给付数额不当的，人民法院可以予以变更。	
	第五十四条 **本解释自 2021 年 1 月 1 日起施行。**	施行时间与民法典施行时间一致。